中华经典
精粹解读

史　记

韩兆琦　编著

中華書局

图书在版编目（CIP）数据

史记/韩兆琦编著. —北京：中华书局，2012.4
（2024.7 重印）
（中华经典精粹解读）
ISBN 978-7-101-08489-4

Ⅰ. 史… Ⅱ. 韩… Ⅲ. ①中国历史：古代史-纪传体②史记-注释③史记-译文 Ⅳ. K204.2

中国版本图书馆 CIP 数据核字（2012）第 004388 号

书　　名	史　记
编 著 者	韩兆琦
丛 书 名	中华经典精粹解读
文字编辑	徐麟翔
责任编辑	杨旭峰
责任印制	陈丽娜
出版发行	中华书局 （北京市丰台区太平桥西里 38 号　100073） http：//www.zhbc.com.cn E-mail：zhbc@zhbc.com.cn
印　　刷	天津画中画印刷有限公司
版　　次	2012 年 4 月第 1 版 2024 年 7 月第 6 次印刷
规　　格	开本/880×1230 毫米　1/32 印张 8　插页 1　字数 130 千字
印　　数	29001-32000
国际书号	ISBN 978-7-101-08489-4
定　　价	45.00 元

出版说明

在快节奏的现代生活中，如何在有限的时间里读到中国传统文化中最经典的著作？怎样才能尽快领略到经典的核心要义，减少在茫茫书海中不得要领的辛苦？“中华经典精粹解读”丛书正是为适应当代读者需求而特别编写的国学经典普及丛书。

丛书“精粹”二字体现在两个方面：一是所选典籍均为中国传统文化中最具代表性的著作，二是所选文段均为经典中的精华部分。

原文后附“扩展阅读”，是参照原文选段，从其他经典著作中选摘出的内容、思想与本段相关的语段，以使读者获得比较阅读的乐趣，视野得以开阔，思路得以拓宽，从而更加全面深入地理解选文。

段末“点评”，是在充分尊重前人思想成果的基础上，从当代人的视角出发，对文段精髓加以讨论解读，以唤起读者更多的思索和体悟。

原文选段及扩展阅读选段之后，辅以侧重语词解释的注释和串讲文意的译文，不作繁琐考证，以助理解；生僻字词均加注汉语拼音，以利诵读。

本套丛书选用中华书局出版的权威版本作为底本，由富有研究成果的专家学者协力遴选篇章、撰写导言及点评，在此对专家学者们“撷取务精、注释务准”的专业精神表示由衷谢意。

藉由此书，我们愿为古典文学爱好者以及有兴趣了解经典的读者奉上可参考的常备读本。希望我们的努力可以为传统经典贴近当代读者、当代读者走近传统经典助力。

中华书局编辑部

2012 年 4 月

导 言

《史记》是历朝“正史”的第一部，作者是西汉的大历史家、大文学家司马迁。从历史的角度说，《史记》开创了“纪传体”史书的新序列，《史记》是我国第一部纪传体的通史；从文学的角度说，《史记》是我国第一部以人物为中心的写人文学作品，它给我国后代人物传记、文言小说的创作开了先河，为小说、戏剧的发展奠定了基础。

《史记》共有五个部分，即“本纪”“世家”“列传”“书”“表”。司马迁刚写完时共五十多万字，后来有遗失，也有一些后人的续补，保存到今天的仍为五十多万字。

《史记》与其他“正史”比较起来有几个突出的特点。

其一是真实性。由于司马迁自幼接近下层人民，自幼接受先秦的进步思想文化，尤其是他又有受宫刑的惨痛经历，他的思想立场与西汉统治集团存有相当的距离，因而他对西汉统治集团的内幕看得较深，对西汉前期的社会问题观察得较细，从而保存了这个王朝前期、乃至鼎盛时期的许多容易被人忽视的黑幕。诸如汉武帝对外战争给国内人民带来的深重灾难；汉武帝时的战时经济政策对农业以及私人工商业的严重摧残；汉武帝的尊儒是如何改变了先秦儒学的进步精神，使之变成了赤裸裸为统治者服务的教条等等。司马迁敢于实事求是、敢于说真话的勇气受到了两千年来历代学者的称赞。又由于司马迁有进步的历史观，能透过迷雾看清许多别人难以看清的事实，故而其观点立论分外精辟深刻。例如他称周公、太公协助武王灭商是“阴谋”；他通过伯夷的嘴说武王的灭纣是“以暴易暴”；他破格地评价秦王朝的统一是“世异变，成功大”；他谴责汉初统治集团及其御用文人不承认秦王朝是一个朝代的看法是“与以耳食无异”。班固曾说《史记》“不虚美，不隐恶，故谓之实录”，鲁迅曾称《史记》为“史家之绝唱，无韵之《离骚》”。

其二是批判性。由于司马迁的特殊经历，他对汉王朝的历代统治者都没有神秘感，司马迁笔下的西汉历代帝王都是有严重缺点与罪过的。刘邦是西汉的开国皇帝，司马迁也客观地写出了刘邦作为一位杰出政治家的方方面面，刘邦最后能取得天下绝不是偶然的。但刘邦的为人却永远不为司马迁所喜欢。他好酒好色，目中无人；他表面豁达，内心忌刻；他言而无信，过河拆桥；他极端自私，只顾自己；他善用权术，变化无迹。他未学黄老，而自然天成，故而与张良相得益彰；他未学如来，而流水善变，故而萧何韩信黥布陈平皆不能摆脱其掌心。古今不学而有术、可亲又可畏、可敬又可鄙、伟大而又流氓之和谐统一者，盖无人能出于刘邦之右。《史记》中最令司马迁所憎恶的是汉景帝，此人背信弃义地杀死了晁错，杀死了周亚夫，杀死了太子刘荣；甚至连他最值得称道的平定“吴楚七国之乱”，也夹带着他本人的许多罪恶行径。西汉皇帝最被世人所称道的是汉文帝刘恒，但刘恒为巩固自己的皇位而残杀其兄惠帝的年幼诸子一个不剩，而且还要诬蔑他们“都不姓刘”；至于《封禅书》批判汉武帝迷信鬼神、追求长生不死的愚蠢，以及《叔孙通传》《平津侯传》《儒林列传》《酷吏列传》揭露批判汉代儒生与汉代酷吏那种不讲原则、只顾讨好统治者、只管看统治者眼色行事而不惜出卖灵魂的可耻可憎，就更无以复加了。

其三是抒情性。司马迁有诗人的气质，他爱憎分明，整部《史记》是一首“爱的颂歌，恨的诅曲，是一部饱含作者满腔血泪的悲愤诗”。《项羽本纪》是描写悲剧英雄项羽的抒情杰作。它写了项羽的历史功勋，这就是巨鹿之战；它写了项羽像狂飙、像闪电雷霆，无坚不摧的战神的一生，刘邦在项羽面前百战百败，刘邦的“恐项症”达到了病入膏肓的境地。项羽在垓下为韩信所败，在南逃的一路上大显神通，他以二十八将士大战刘邦的追兵五千人，最后在从容谈笑间自杀身死。项羽所以经两千年仍栩栩如生，关键就在于这篇《项羽本纪》，又特别在于最后的这段“乌江礼赞”的渲染。李广按理说是一位生不逢时的老将，自身也没有大兵团作战的指挥之才，但由于司马迁特别喜欢李广，《李将军列传》偏能在李广打败仗的过程中表现李广的神通，于是使李广这个人物显得虎虎有生气；相反，对于真正的讨伐匈奴的天才将领卫青与霍去病，由于缺乏正面的富有感情的描写，这两位名将的传记让人读起来只见几段枯燥的诏令，而没有感人的力量。《伯夷列传》通篇像一首诗，抒发了司马迁对远远逝去的美好道德、美好政治局面的怀恋；《游侠列传》抒发了司马迁对汉王朝政治黑暗、社会不公、坏人当道、好人蒙冤的无可告说的满腔愤慨。司马迁称汉代社会为“乱世之末流”。《屈原列传》是一篇古代坚贞正直的知识分子的颂歌，作品夹叙夹议，既是同情屈原的人生悲剧，也是在写自己报国无门的悲哀。鲁迅称《史记》为“无韵之《离骚》”，是准确而又深刻的。

其四是文学性。《史记》是我国写人文学的开创者，它为读者展现了一道丰富多彩的历史人物的画廊。由于司马迁的思想积极、见识卓越，他所崇敬、所歌颂的都是一些为国家、为社会、为黎民百姓勇于贡献一切，而不怕牺牲个人的英雄人物，所以《史记》所展现的不是普通历史人物的画廊，而是一道英雄人物的画廊。又由于自春秋、战国、秦楚以至西汉初期，这是一个充满战乱、充满血腥，同时又是一个杰出人物辈出，英雄豪杰为实现理想、为济世救民而前仆后继、勇于牺牲的年代。《史记》描写人物的作品共一百一十二篇，其中以悲剧英雄人物的名字命题，或是虽然不以悲剧英雄的名字命题，而作品中实际写有重要悲剧人物的作品大约有八十篇。因此《史记》又不只是通常意义的英雄人物的画廊，而是一道惊心动魄的悲剧英雄人物的画廊。他们有的为了推动历史的进展而献出了生命，如吴起、商鞅、陈涉、晁错等等；有的曾经建立过卓越的历史功勋，但由于个人的某些错误或由于缺少历史经验而毁灭了自己的事业与生命，如齐桓公、赵武灵王、秦始皇等等；有的是曾经立过盖世功勋的功臣将相，但在成功之后，却被统治者所怀疑、所杀害，如伍子胥、白起、韩信、周亚夫等等；有的身怀绝技，或者是有理想、有才干、有节操，心存济世但报国无门的志士能人，最后被昏君抛弃、被小人谗害，或者悲惨身死，或者终生不遇，如扁鹊、屈原、孔丘、孟轲等等。司马迁为写好自己的英雄人物，不仅吸收学习了其前辈的作品如《尚书》《国语》《左传》《国策》《诗经》《楚辞》等的写作方法，更多的是他在前人写作经验的基础上，更加施展天才的发挥创造，从而使《史记》的人物塑造展现了前所未有的新局面：诸如生动的情节、巧妙的铺垫、气氛的烘托、个性化的语言，以及画龙点睛式的心理与肖像描写等，样样都使用得出神入化。我们试想一下"鸿门宴""渑池会""夹谷会"那种紧张的政治斗争；我们再想一下"火牛阵""井陉之战""漠北之战"那样的战场拼杀；我们再体会一下"窦皇后认弟""汉武帝迎姊"那样的峰回路转、赏心悦目；以及"骊姬计杀申生""王夫人倾陷栗妃"那样的巧口如簧、心毒手辣等。有人说，古代写人有两个高峰，一个是《史记》，一个是《红楼梦》，这是有道理的。

其五，《史记》是"真实性""批判性""抒情性""文学性"的高度和谐，高度统一。在一般人看来，写历史就只能枯燥地叙述，一带抒情，一有夸张描写，尤其是一有书中人物的作诗作歌，就失去了历史的"严肃性"，就必须将其剔除，司马光的《资治通鉴》中就有这种令人难以想象的笑柄。《史记·项羽本纪》写项羽垓下失败以后的"帐中作歌""东城之战""乌江自刎"，通通都是司马迁的夸张抒情。二十八个对五千，拼杀之后只减员两个；项羽遇赤泉侯，项羽大喝一声，赤泉侯连人带马"辟易数里"等等，这不分明都是司马迁的夸张与想象吗？司马光为什么对这些夸张想象都能容忍保留，而偏偏将项羽作歌的"力拔山兮气盖世"四句删掉不要呢？司马光不仅削去了令人生疑的"力拔山兮气盖世"四句，而且还削去了刘邦在沛县父老为他举行的欢迎宴会上所作的"大风起兮云飞扬"三句。刘邦这三句是没有任何人怀疑的呀，司马光为何也要削去呢？他的写史标准究竟是什么？真是令人难以琢磨。

实在说来，简单地罗列史实纲要，最容易"真实"，一旦要再现历史过程，就不可能没有想象与虚构。因为固有的历史已经成为过去，历史的原貌是不可能重新再现的，即使有今天的录音录像，也仅是反映了某个侧面而已，不可能再现当时的全部真实；更何况司马迁只是凭着简单的片言只语而再现几十年前、几百年前，甚至几千年前的人物与故事呢。其中的虚构想象肯定是大量的。因此我们所要注意、所要追求的不是有没有虚构，而是让谁来给我们虚构。司马迁接近下层人民、接受了先秦进步的思想，又有惨痛的切身经历，从而造成了他的头脑清醒、不媚皇权、不信统治者及其御用文人的欺人之谈。一句话，司马迁的立场、思想、眼光、情感、判断力，要比其他哲学家、思想家、历史家、文学家高明得多，看问题要准确得多，他的情感，他的想象的辐射力、穿透力要比别人更强大、更广远，更能得到不同时期，不同国度，不同阶级、阶层读者的信任与亲合。因此，司马迁的夸张想象、虚构补充要比别人的虚构补充更加可信得多。这是一方面。

另一方面，我们还要注意，司马迁尽管有鲜明的立场与情感指向，但他从不因为情感指向而改变历史事实，而漏掉对于某些重要史实、对于人物某些重要侧面的交代。例如，司马迁讨厌刘邦，总喜欢把刘邦的道德缺失与其战场上的失败惨象展现给读者看，但司马迁也如实地写出了刘邦有许多项羽所不具备的优点，刘邦的胜利绝不是偶然的；相反，司马迁同情项羽，但司马迁也清楚地写出了项羽的残暴与他的没有政治头脑。整篇《项羽本纪》虽然把项羽写得慷慨淋漓、悲壮豪迈，但作品也清楚地写出了项羽的最终失败是注定了的。于是一条“成者王侯败者贼”的千年古训在《史记》中颠倒过来了：项羽失败了，但留给读者的印象是英雄，是令人钦敬的君子；刘邦成功了，但留给读者的印象是流氓，是令人憎恶的小人。其他如韩信、李广都是司马迁热爱钦佩的人物，但韩信、李广又的确带有他们各自的弱点，他们的悲剧命运不是偶然；相反，张汤、公孙弘是司马迁笔下最令人憎恨的人物，但他们一个为官清廉，一个敢于公然反对汉武帝北伐匈奴、南讨滇黔的两面开弓。从而使人们真正看到了所谓“不虚美、不隐恶”的一代良史的公正之心。看来所谓“实录”的赞誉，又的确不是虚加。

由此可以引出的一条经验是：前些年总强调要“端正立场、改造思想”，认为这样才能写出好的历史、好的传记。从司马迁的写作实践看来，首先还是要求历史家要有一种正视现实、忠于现实的态度，和一种敢于坚持原则、敢于写出事实的勇气，这也就是从董狐、南史、司马迁所传承不断的历史家的良心。

中华书局编写“中华经典精粹解读”丛书，邀我编写《史记》选本。于是我从《史记》中选了二十五个比较重要的故事，“注释”与“译文”都是重新整理修改过的，语言力求简明、生动、通俗流畅、口语化。根据这套丛书的要求，又选了二十五段与二十五个故事相搭配的“扩展阅读”资料。有的取其不同人在相似处境所取行动的相同或相反，可使读者彼此参照，如陈涉与韩山童发动起义的手段、张释之与魏绛的执法不避权贵、刘邦与项羽各自在入关前后的表现等等是也；有的选取同一人的其他故事，可使读者加深对此人物的印象，如《史记》所写之晏婴、司马穰苴与《晏子春秋》所写之晏婴、司马穰苴是也；有的是取相关的理论著作与故事人物的行为表现相参照，以证明其行动其来有自，如管仲、孙膑、赵奢、张良等是也；有的是由此事连带想到与此相关联的另一事，如田单破燕再造齐国之与王孙贾讨杀淖齿迎入襄王，蔺相如完璧归赵之与《韩非子》所述和氏璧之由来是也。涉及的古书共十五种，所作的注释、译文，也力求简明、生动、通俗流畅、口语化。此外，与二十五个故事相对应的“扩展阅读”中还有一诗一词，前者是歌颂慷慨悲壮的项羽的一生；后者是感慨魏尚的幸运，哀叹自己的生不逢时。由于两篇诗词都写得悲慨动人，从而也给本书增添了几分诗情画意。希望读者诸君能够喜欢。

北京师范大学教授　韩兆琦
2011年12月14日

目　录

管仲佐齐桓公称霸

管仲夷吾者[①]，颍上人也[②]。少时常与鲍叔牙游[③]，鲍叔知其贤。管仲贫困，常欺鲍叔[④]，鲍叔终善遇之，不以为言。已而鲍叔事齐公子小白[⑤]，管仲事公子纠[⑥]。及小白立，为桓公，公子纠死，管仲囚焉[⑦]。鲍叔遂进管仲[⑧]。管仲既用，任政于齐，齐桓公以霸[⑨]，九合诸侯[⑩]，一匡天下[⑪]，管仲之谋也。

管仲曰："吾始困时，尝与鲍叔贾[⑫]，分财利多自与，鲍叔不以我为贪，知我贫也。吾尝为鲍叔谋事而更穷困，鲍叔不以我为愚，知时有利不利也。吾尝三仕三见逐于君[⑬]，鲍叔不以我为不肖，知我不遭时也。吾尝三战三走[⑭]，鲍叔不以我为怯，知我有老母也。公子纠败，召忽死之[⑮]，吾幽囚受辱，鲍叔不以我为无耻，知我不羞小节而耻功名不显于天下也。生我者父母，知我者鲍子也。"

鲍叔既进管仲，以身下之。子孙世禄于齐[⑯]，有封邑者十余世，常为名大夫。天下不多管仲之贤而多鲍叔能知人也[⑰]。

管仲既任政相齐，以区区之齐在海滨，通货积财，富国强兵，与俗同好恶。故其称曰：“仓廪实而知礼节，衣食足而知荣辱，上服度则六亲固⑱。四维不张⑲，国乃灭亡。下令如流水之原，令顺民心。”故论卑而易行。俗之所欲，因而予之；俗之所否，因而去之。

其为政也，善因祸而为福，转败而为功⑳。贵轻重㉑，慎权衡㉒。桓公实怒少姬，南袭蔡㉓，管仲因而伐楚㉔，责包茅不入贡于周室㉕。桓公实北征山戎㉖，而管仲因而令燕修召公之政㉗。于柯之会㉘，桓公欲背曹沫之约㉙，管仲因而信之㉚，诸侯由是归齐。故曰：“知与之为取，政之宝也㉛。”

管仲富拟于公室㉜，有三归、反坫㉝，齐人不以为侈。管仲卒，齐国遵其政，常强于诸侯。

（《管晏列传》）

【注释】

①管仲夷吾：姓管名夷吾，字仲。

②颍上：颍水边上。颍水发源于今河南登封，东南流，在今安徽寿县西南入淮水。

③常：通“尝”，曾经。　鲍叔牙：齐国贵族的子弟。

④欺：骗。

⑤公子小白：即日后的齐桓公，僖公之子，襄公之弟，前685—前643年在位，是春秋时期的第一个霸主。

⑥公子纠：公子小白的同父异母兄弟。

⑦公子纠死，管仲囚焉：齐襄公十二年，襄公被公子无知所杀，国人起而杀死公子无知。时公子纠在鲁，小白在莒，闻知齐国无君，皆欲回国争位。鲁国一方面派兵送公子纠回国，一方面派管仲去截杀小白。结果管仲未能射死小白，君位遂被小白抢先夺得。小白发兵打败鲁军后致书于鲁，要鲁国杀掉公子纠，而送回管仲。鲁君畏齐，遂杀公子纠，而囚送管仲归齐。

⑧进：推荐。

⑨桓公以霸：桓公即位的第七年（前679），“诸侯会桓公于甄，而桓公于是始霸焉”。所谓“霸”就是接受周天子之任命为“方伯”，从此可以用周天子的名义召集诸侯会盟，维持各国之间的既定秩序，以及讨伐诸侯国内的叛乱等。

⑩九合诸侯：多次召集各国诸侯会遇定盟。九，泛指多数。

⑪一匡天下：曾经一度整顿了天下的秩序，指率领诸侯共尊周室而言。匡，正。

⑫贾：做买卖。旧时行商曰“商”，坐商曰“贾”。

⑬三仕三见逐于君：具体事实不详。仕，为官吏。

⑭三战三走：具体事实不详。走，败逃。

⑮公子纠败，召（shào）忽死之：召忽原与管仲共同辅佐公子纠。齐桓公即位后，令鲁杀公子纠而送回召忽与管仲，其目的是想任用这两个人。结果召忽不听，自杀而死，独有管仲

自甘被解送回齐。

⑯世禄：世世享受俸禄。

⑰多：称赞，颂扬。

⑱上服度则六亲固：统治者的行为举止如果符合礼度，则其六亲自然和睦而关系稳固。服，指行事，行止。度，合乎礼法。六亲，指父、母、兄、弟、妻、子。

⑲四维：一曰礼，二曰义，三曰廉，四曰耻。维，网罟之纲。不张：不建立，不实行。

⑳因祸而为福，转败而为功：意即通常所说的“因势利导”，“变坏事为好事”。

㉑贵轻重：指重视经济事业。轻重，指物价高低。

㉒慎权衡：指重视对度量衡的监督管制，以防止商人非法盘剥。权衡，指秤。权，本指秤锤；衡，平也。

㉓桓公实怒少姬，南袭蔡：桓公有宠姬，蔡女也，与公乘船。蔡姬故意荡舟以戏桓公。桓公佯怒，遣之归蔡；蔡亦怒桓公，竟将此女他嫁。桓公大怒，于是出兵攻蔡。蔡，西周初年分封的诸侯国名，始封之君为武王之弟叔度，国都即今河南上蔡。

㉔楚：早在商代就已经建立的南方国名，春秋时期都于郢（今湖北江陵西北的纪南城）。

㉕责包茅不入贡于周室：齐桓公伐蔡，蔡国崩溃，齐军接着又南下伐楚，楚成王举兵应之，责齐曰：“何故涉吾地？”管仲对曰：“楚贡包茅不入，王祭不共，是以来责。”包茅，一种可供滤酒用的细茅草，产于楚国。楚国曾以此草向周天子进贡，今隔时未进，故管仲强词夺理地用以为伐楚之口实。

㉖山戎：春秋时期活动在今河北东北部的少数民族。

㉗令燕修召公之政：燕是西周初年建立的诸侯国名，始封之君为武王之弟召公姬奭，国都为蓟（今北京西南部）。

㉘柯之会：齐桓公五年，齐国与鲁国在柯邑举行盟会。柯是齐邑，在今山东阳谷东北。

㉙曹沫之约：这个会上，鲁将曹沫曾手执匕首劫持齐桓公，迫使齐桓公答应退还鲁国被齐国侵占的领土，齐桓公当时答应了，过后想反悔不履行。

㉚管仲因而信之：管仲劝桓公遵守盟约，兑现了诺言。信，读曰“伸”，伸明，指兑现诺言。

㉛知与之为取，政之宝也：二句见《管子·牧民》篇，盖亦《老子》之旨。《老子》曰：“将欲取之，必固与之；将欲弱之，必固强之。”是一种吃小亏占大便宜的哲学。

㉜富拟于公室：其私家之富可与齐国的国君相比。拟，比，相等。

㉝三归：一说指娶三房妻子，一说指有“三处宅院”，一说指全国工商业税收的十分之三。　反坫（diàn）：“坫”是古代诸侯堂上两楹间的土台子，两国诸侯见面后，互相敬酒，献酬完毕，把酒杯放在土台上，这种仪式叫作“反坫”。管仲不是诸侯，家中也有这种排场，故被时人所批评。

【译文】

管仲名夷吾，颍上县人。年轻时曾与鲍叔牙在一起交游，鲍叔牙知道他能干。管仲家里穷，两人合伙做生意时，管仲常占鲍叔牙的便宜，但鲍叔牙还是待他很好，从不介意。后来，鲍叔牙跟随了齐公子小白，管仲跟随了齐公子纠。等到小白即位成了齐桓公，政敌公子纠被杀死，管仲也被囚禁起来。这时鲍叔牙便向齐桓公推荐了管仲。管仲被任用后，在齐国执掌朝政，辅佐齐桓公成了一代霸主。齐桓公多次召集诸侯会盟，一度稳定了周天子朝内的混乱局面，这都是靠着管仲的谋略。

管仲说：“我从前贫困时，曾经和鲍叔牙一起做买卖，赚了钱，我总是自己多拿一些，鲍叔牙并不认为我贪心，他知道这是由于我家里穷。我曾为鲍叔牙出主意办事，结果让他的事情越来越糟，但鲍叔牙并不认为我愚蠢，他知道这是因为运气有时好有时坏。我一连几次出去做官，都接连地被国君罢免，鲍叔牙并不认为我无能，他知道我这时正运气不好。我曾几次出战，几次中途逃回，鲍叔牙并不认为这是我胆怯，他知道我家有老母，需要人奉养。公子纠失败时，召忽自杀，我却自甘囚禁受辱，鲍叔牙不认为这是我无耻，他知道我不拘小节，我所感到羞耻的是不能建功扬名于天下。生我的是父母，理解我的是鲍叔牙！”

鲍叔牙向齐桓公推荐了管仲，自己甘心做下属。鲍叔牙的子孙在齐国世代享受俸禄，十几代都拥有封地，其中有不少是齐国著名的大夫。在有关管仲的问题上，人们更多的不是称道管仲的个人才能，而是称赞鲍叔牙的知人善荐。

管仲在齐国当宰相后，凭借齐国这块地处东海之滨的国土，发展商业，积累钱财，最后达到了国富兵强。在制订政策的时候他特别注意适应当时社会的需求。他在他的著作中明确地说：“仓库里的东西多了，人们才有工夫去讲求礼节；吃饱穿暖了，人们才能想到什么叫光荣与耻辱。国君的一举一动符合法度，他的亲族关系才能稳固。礼、义、廉、耻四种纲常如不能提倡，国家就要灭亡。政府的各种法令都应该像流水之起于高山流入平原那样，符合人民的心愿。”因此管仲的理论调门不高，推行起来很方便。当时人们喜欢什么，他就提倡什么；当时人们讨厌什么，他就废除什么。

管仲主持政事的诀窍，是善于因势利导地把坏事变为好事，把失败转为成功。他注意发展经济，严格地管理度量衡。齐桓公本来是因为生少姬的气，而发兵攻蔡，但管仲却引导齐桓公趁势讨伐楚国，谴责楚国为什么不按时向周天子进贡祭祀用的茅草。齐桓公北伐山戎本来是为了扩大地盘，但管仲却引导他趁势督促燕国重新实行召公时的政治。在柯邑会盟，齐桓公本来是想背弃被曹沫所逼而订的那项条约，但管仲却劝说他兑现诺言以立信于天下，使得诸侯因此归顺了齐国。这就是他著作里所说的：“要能懂得‘给予’也就是‘索取’，这是为政的法宝。”

管仲的私家像齐国的国君一样富有，他娶了三房不同姓氏的女子，还使用诸侯才能使用的“反坫”礼，但齐国人并不因此觉得他过分讲排场。管仲死后，齐国继续遵循他的治国方针，因而齐国在相当长的一段时间里在诸侯中称强。

扩展阅读

凡有地牧民者①，务在四时②，守在仓廪③。国多财，则远者来；地辟举④，则民留处。仓廪实，则知礼节；衣食足，则知荣辱。上服度，则六亲固。四维张，则君令行。故省刑之要，在禁文巧⑤；守国之度，在饰四维。顺民之经⑥，在明鬼神，祇山川，敬宗庙，恭祖旧。不务天时，则财不生；不务地利，则仓廪不盈。野芜旷，则民乃菅⑦；上无量⑧，则民乃妄；文巧不禁，则民乃淫⑨。不璋两原⑩，则刑乃繁；不明鬼神，则陋民不悟；不祇山川，则威令不闻；不敬宗庙，则民乃上校⑪；不恭祖旧，则孝悌不备；四维不张，国乃灭亡。

（《管子·牧民》）

【注释】

①牧民：意即治国治民。

②务在四时：指国家的一切活动不违背四季的节令，不误农时。

③守在仓廪：意即不浪费，不乱花销。

④辟举：指开发经营得好。

⑤禁文巧：不搞繁文缛节，不搞文山会海。

⑥顺民之经：顺着百姓的旧有习惯。

⑦菅：荒草，这里指人心不正。

⑧无量：没有正常的法度。

⑨淫：奸猾。“民乃淫”即今所谓“上有政策，下有对策”。

⑩不璋两原：不杜绝“上无量”与“文巧不禁”两个源头。璋，意思同“障”，堵塞、杜绝。

⑪上校：与父母、长官争长短。校，较量。

【译文】

作为有土有民的统治者，一定不要违背四时的节令，一定要守好国家的仓库。国家富了，其他国家的百姓才会来投靠；农业经营得好，百姓们才乐意居住在自己的家园。仓库里堆满了粮食，百姓们才会按礼节办事；吃饱穿暖了，人们才追求光荣、远离耻辱。统治者的行为举止如果符合礼度，则其六亲自然和睦而关系稳固。礼义廉耻四项准则得到提倡，君主的命令才能实行。要想减少刑事犯罪，就必须废止那些繁琐的规定；治理国家的大原则，在于强调礼义廉耻的重要。要顺着百姓的旧有习惯，提倡敬鬼神、敬山川、敬祖宗。不按季节行事，经济上就要受损失；不认真发展农业，仓库里的粮食就多不起来。田野一旦荒芜，百姓们就心生邪念；统治者一旦胡作非为，百姓们也就不守本分；哗众取宠的东西不禁止，百姓们也会变得奸猾。不杜绝“上无量”与“文巧不禁”两个源头，刑事犯罪的数量就会暴增；不敬鬼神，愚民就难分好歹；不敬山川，愚民就不会听从国家的法令；不敬宗庙，百姓就会犯上；不敬祖宗，百姓就不讲孝悌之德；如果礼义廉耻一概不讲，那国家就要灭亡了。

点　评

《管仲佐齐桓公称霸》选自《史记》的《管晏列传》。《管晏列传》是春秋时代齐国两位大政治家管仲、晏婴的合传，分别记述了管仲、晏婴的几个生动故事，突出了朋友之间、君臣之间、上下级之间的一些关系准则。作者借此表达自己的政治思想、道德理想，同时也是对汉代现实的一种鞭挞与批判，于写史过程中表现了他的“成一家之言”的特点。

《管仲佐齐桓公称霸》其一歌颂了鲍叔牙的大公无私，为国让贤。这种精神品质，比之管仲的才干更可贵。其二歌颂了齐桓公不记前嫌，大胆提拔贤才，并放手任用。管仲原是齐桓公的敌人，还曾伏击过齐桓公，差点没把齐桓公一箭射死。但即使如此，齐桓公还是任以为相，举国而听之。管仲则因势利导，纠正了齐桓公的许多失误，终使齐桓公成为春秋五霸的第一位霸主，名垂青史。其三歌颂了管仲不拘小节，忍辱发愤立功名于天下的人生态度与奋斗精神。管仲与召忽都是公子纠的部下，当公子纠兵败被杀时，召忽本着“士为知己者死”的信条自杀了；而管仲则忍辱偷生投到了齐桓公门下。管仲这种“不羞小节，而耻功名不显于天下”的行为，被司马迁奉为金科玉律，终生念念不忘，并以此作为人生奋斗的目标。

自汉代以来，就有《管子》其书的流行。《管子》当然不可能是管仲自己所写，应该视之为管仲学派集体的创作，其成书应在战国后期。其书中也确实有若干篇与《左传》及其他著作中所写的管仲的思想、行事吻合，因此选了《牧民》篇中的一段文字，以供参照。

晏婴为国举贤才

晏平仲婴者[①]，莱之夷维人也[②]。事齐灵公、庄公、景公[③]，以节俭力行重于齐。既相齐，食不重肉[④]，妾不衣帛。其在朝，君语及之，即危言[⑤]；语不及之，即危行[⑥]。国有道，即顺命[⑦]；无道，即衡命[⑧]。以此三世显名于诸侯。

越石父贤，在缧绁中[⑨]。晏子出，遭之涂[⑩]，解左骖赎之[⑪]，载归。弗谢，入闺[⑫]。久之，越石父请绝[⑬]。晏子懼然[⑭]，摄衣冠谢曰："婴虽不仁，免子于厄，何子求绝之速也？"石父曰："不然。吾闻君子诎于不知己而信于知己者[⑮]。方吾在缧绁中，彼不知我也。夫子既已感寤而赎我[⑯]，是知己；知己而无礼，固不如在缧绁之中。"晏子于是延入为上客。

晏子为齐相，出，其御之妻从门间而窥其夫[⑰]。其夫为相御，拥大盖[⑱]，策驷马，意气扬扬，甚自得也。既而归，其妻请去[⑲]。夫问其故。妻曰："晏子长不满六尺[⑳]，身相齐国，名显诸侯。今者妾观其出，志念深矣，常有以自下者[㉑]。今子长八尺[㉒]，乃为人仆御，然子之意自以为足，妾是以求去也。"其后夫自抑损[23]。晏子怪而问之，御以实对。晏子荐以为大夫[24]。

（《管晏列传》）

【注释】

①晏平仲婴：通常谓其姓晏名婴，字平仲，齐国贵族晏弱之子。

②莱之夷维：莱县的夷维乡。古代的莱县，在今山东东北部。古时的夷维即今之山东高密。

③齐灵公：名环，前581—前554年在位。　庄公：名光，灵公之子，前553—前548年在位。　景公：名杵臼，庄公之异母弟，前547—前490年在位。

④食不重肉：饭桌上没有第二个肉菜。

⑤危言：直话直说。危，高，峻直。

⑥危行：秉公而行。这句话的言外之意是不再发表言论。

⑦顺命：服从命令。

⑧衡命：权衡形势，采取相应措施。衡，衡量。

⑨缧绁（léi xiè）：捆绑犯人的绳索。

⑩遭之涂：在路上碰见了。遭，遇。涂，通“途”。

⑪左骖：左侧的边马。古代一车四马，中间的两匹叫服马，两边的两匹叫骖马。

⑫入闺：进了自己的内室。闺，小门，内舍的门。

⑬请绝：请求辞决而去。

⑭戄（jué）然：吃惊的样子。

⑮诎：同“屈”，指不被理解。 信：通“伸”，不受委屈，得到尊重。

⑯感寤：明白，看清。

⑰御：车夫。 门间：门缝。

⑱拥大盖：拥，抱持，这里指紧靠。大盖，高贵车子上的篷伞。

⑲请去：请求离婚。

⑳不满六尺：极言其身材矮小。先秦时的一尺约合现今的23厘米，则六尺不足一米四。

㉑自下：谦虚谨慎的样子。

㉒八尺：约为现今之一米八四。

㉓自抑损：自我克制，意即表现谦虚。

㉔大夫：一种中级官员，其中又分上、中、下三级。

【译文】

晏平仲，名婴，东莱夷维人。曾在齐灵公、齐庄公、齐景公三朝为臣，他以生活俭朴、踏实苦干而受到齐国上下的尊重。他在当齐国宰相的时候，饭桌上也常常没有第二盘肉菜，不允许姬妾们穿丝绸做的衣服。在朝廷上如果听到国君赞赏他，他就越发尽职尽责、直话直说；如果君主没有赞许他，他就更加注意自己的行为，而不再多说话。国家的政治清明时，他就顺着君主的命令办事；国家的政治黑暗时，他就对君主的命令加以权衡，有选择地执行。因此，在灵公、庄公、景公三朝，晏子的名声显扬于诸侯。

越石父是个有才干的人，因为犯罪，被人逮捕了。晏子外出，正好在路上碰见了，立即解下自己车前左边的一匹马，把越石父赎出，并用自己的车子把他带回。到了相府门口，晏子没有跟他打招呼就自己进了里屋。过了一会儿，越石父通过看门人告诉晏子他要与晏子断绝来往。晏子一听很吃惊，赶忙穿戴整齐出来说："我虽然品格不高，但毕竟还是把你从灾难中救出来了，你为什么这么快就要和我断绝来往呢？"越石父说："你这话不对。我听说君子在不了解自己的人面前可以受委屈，而在了解自己的人面前，他就应该受尊重了。当初那些人拘禁我，那是他们不了解我。您既然能认识到我的长处，把我赎出来，那说明您是了解我的。您了解我而不尊重我，那不如还让我回去坐牢呢。"晏子一听赶紧把他请到屋里，尊为上宾。

晏子做宰相的时候，有一天坐着车子外出，他车夫的妻子正好从门缝里看见了她的丈夫。她的丈夫自以为给宰相赶车高人一等，背靠着华贵的大伞，赶着四马飞奔，威风凛凛，得意非常。事罢回家后，他的妻子要求跟他离婚。车夫问她为什么？妻子说："晏子身高不够六尺，可是人家当了齐国的宰相，名震天下。尽管如此，今天我从门缝里看他，人家思虑很深，仿佛觉得还有许多地方不如人。你身高八尺，却替人赶车，而且你心里还总觉得自己了不起，因此我不想跟你过了。"从此以后，车夫变得谦虚起来。晏子觉得奇怪，问车夫怎么忽然变了，车夫把事情原委向他讲了一遍。晏子听了很赞赏，于是推荐他当了齐国的大夫。

扩展阅读

景公游于牛山[①]，北临其国城而流涕曰："若何滂滂去此而死乎[②]？"艾孔、梁丘据皆从而泣[③]。晏子独笑于旁。公刷涕而顾晏子曰[④]："寡人今日游悲，孔与据皆从寡人而泣，子之独笑何也？"晏子对曰："使贤者常守之[⑤]，则太公、桓公常守之矣[⑥]；使勇者常守之，则庄公、灵公常守之矣[⑦]。数君者将守之，则吾君安得此位而立焉？以其迭处之[⑧]，迭去之，至于君也。而独为之流涕，是不仁也。不仁之君见一，不仁之臣见二，此臣之所以独窃笑也。"

（《晏子春秋·景公登牛山悲去国而死》）

【注释】

①牛山：在当时的齐都临淄城南。

②滂滂：伤心痛苦的样子。

③艾孔、梁丘据：齐国的两个佞臣。

④刷涕：拭泪。

⑤常守：长期把持国君之位。

⑥太公：齐国的开国之君，即太公姜尚。　桓公：即齐桓公小白，春秋时期的第一位霸主。

⑦庄公、灵公：分别是齐景公的父亲与兄长。

⑧迭：更迭，更替。

【译文】

齐景公在牛山游览，向北俯望着齐国的都城流着眼泪说："人为什么要凄凉痛苦地离世而死呢？"艾孔与梁丘据两个宠臣也跟着景公抹眼泪，晏婴在一边看着他们笑。齐景公擦干眼泪问晏婴："我今天望着都城感到伤心，艾孔与梁丘据也陪着我伤心，你偏偏在那里笑，为什么呢？"晏婴回答说："如果贤能的人可以不死，一直当君主，那么如今在位的应该是太公或是桓公；如果勇武的人可以不死，一直当君主，那么如今在位的应该是庄公或是灵公。以上几位先人如果一直活到今天，那您还有什么机会来做君主呢？正因为人有生就有死，更替着执政，所以您现在才能做君主。而您偏偏为怕死而落泪，这不是仁者的态度。我今天同时见到了一个不仁的君主、两个不仁的宠臣，所以我为此而发笑。”

点 评

《晏婴为国举贤才》选自《史记》的《管晏列传》，突出歌颂了晏婴不拘一格地荐拔人才。越石父是个罪犯，被晏婴遇见，晏婴知道他是个人才，立刻解下自己的左骖把他赎出；他的车夫能接受妻子的意见，改掉自己的毛病，晏婴知道后，立刻加以举荐。晏婴的这种知人善任、勇于荐拔的胸怀，是司马迁理想中的朝廷大臣的行为准则。此外，晏婴还是一个不迂腐、不盲从，能在生死关头做出正确抉择的人。晏婴原在齐庄公驾下为臣，庄公因淫乱被崔杼所杀，晏婴当时的态度是：“君为社稷死则死之，为社稷亡则亡之。若为己死而为己亡，非其私昵，谁敢任之？”因此他没有愚忠愚孝地陪着齐庄公死，只是扑在庄公的尸体上哭一通就完了，而后接着在齐景公时代为齐国做出了许多贡献。

自汉代以来，即流传有《晏子春秋》一书，这是一本有关晏子其人的故事集，是晏子学派的集体创作。晏子其人在书中被刻画成一个正直、勇敢而又具有极大智慧的形象，被加工成一位类似淳于髡、东方朔、徐文长以及阿凡提、阿里巴巴那样的故事主人公形象。

司马穰苴为大将

司马穰苴者①，田完之苗裔也②。齐景公时，晋伐阿、甄③，而燕侵河上④，齐师败绩。景公患之。晏婴乃荐田穰苴曰：“穰苴虽田氏庶孽⑤，然其人文能附众，武能威敌，愿君试之。”景公召穰苴，与语兵事，大说之，以为将军，将兵扞燕、晋之师⑥。穰苴曰：“臣素卑贱，君擢之闾伍之中⑦，加之大夫之上⑧，士卒未附，百姓不信，人微权轻，愿得君之宠臣，国之所尊，以监军⑨，乃可。”于是景公许之，使庄贾往⑩。穰苴既辞，与庄贾约曰：“旦日日中会于军门。”穰苴先驰至军，立表下漏待贾⑪。贾素骄贵，以为将已之军而己为监⑫，不甚急；亲戚左右送之，留饮。日中而贾不至。穰苴则仆表决漏，入，行军勒兵⑬，申明约束。约束既定，夕时，庄贾乃至。穰苴曰：“何后期为？”贾谢曰：“不佞大夫亲戚送之⑭，故留。”穰苴曰：“将受命之日则忘其家，临军约束则忘其亲⑮，援枹鼓之急则忘其身⑯。今敌国深侵，邦内骚动，士卒暴露于境，君寝不安席，食不甘味，百姓之命皆悬于君，何谓相送乎？”召军正问曰⑰：“军法期而后至者云何？”对曰：“当斩。”庄贾惧，使人驰报景公，请救。既往，未及反，于是遂斩庄贾以徇三军[18]。三军之士皆振栗。

久之，景公遣使者持节赦贾[19]，驰入军中。穰苴曰：“将在军，君令有所不受[20]。”问军正曰：“军中不驰，今使者驰，云何？”正曰：“当斩。”使者大惧。穰苴曰：“君之使不可杀之。”乃斩其仆[21]，车之左驸[22]，马之左骖，以徇三军。遣使者还报，然后行[23]。士卒次舍井灶饮食问疾医药[24]，身自拊循之[25]。悉取将军之资粮享士卒[26]，身与士卒平分粮食，最比其羸弱者。三日而后勒兵，病者皆求行，争奋出为之赴战。晋师闻之，为

罢去；燕师闻之，度水而解[27]。于是追击之，遂取所亡封内故境而引兵归[28]。未至国[29]，释兵旅[30]，解约束[31]，誓盟而后入邑[32]。景公与诸大夫郊迎，劳师成礼，然后反归寝[33]。既见穰苴，尊为大司马。田氏日以益尊于齐。

（《司马穰苴列传》）

【注释】

①司马穰苴（ráng jū）：姓田，名穰苴。因官任大司马，故曰司马穰苴。大司马是主管军队的最高长官。

②田完：也称陈完，春秋前期的陈国人，后来逃到齐国，改称田完，深受齐桓公的赏识，成了齐国的贵族。后来田氏势力越来越大，到战国初期篡夺了齐国姜氏的政权。

③晋：是西周以来的诸侯国名，春秋时期长期为诸侯霸主，国都新田（今山西侯马西南）。 阿、甄（juàn）：都是齐邑名。阿在今山东阳谷东北的阿城镇。甄即今山东鄄城北之旧城。

④河上：指齐国的黄河沿岸地区。当时的黄河自今河南濮阳一带东北流，经今山东德州、河北沧州，在黄骅一带入海。当时的黄河以北属燕，黄河以南属齐。

⑤庶孽：姬妾所生的孩子。与嫡长子相比较，这些人无继承爵土之权，政治地位亦甚低。

⑥扞：通“捍”，抵抗。

⑦闾伍：泛指平民百姓。闾，里巷，管理平民的基层编制。伍，是军队里的基层编制，一“伍”五个人。

⑧大夫：国家的中级官员，地位在公、卿以下。

⑨监军：犹今所谓“特派员”，受君主派遣以监督军队的动向。

⑩庄贾：齐王的亲信贵族。

⑪立表下漏：立木为表以视日影与悬壶滴漏都是古代计时的方法。

⑫之军：去了军营。

⑬行军勒兵：指操练军队、集合列队。

⑭不佞（nìng）：谦称自己，犹言“不才”。佞，才智。

⑮临军约束：到达军队，发布命令。

⑯援枹（fú）鼓：指擂鼓进军。枹，鼓棰。

⑰军正：军中的司法官。

⑱徇：巡行示众。

⑲持节：手持符节。符与节都是帝王让其所派使者所持的信物。

⑳将在军，君令有所不受：《孙子·九变》：“将受命于君，君命有所不受。”此外《孙子吴起列传》《绛侯世家》中也有类似的话语。

㉑仆：车夫。斩车夫以表示对乘车显贵的惩罚，始于《左传》中的魏绛，后遂多用以为例。

㉒车之左驸：车厢左侧的立木。

㉓行：指开赴前线。

㉔次舍：扎营，住宿。

㉕拊循：慰问，关照。拊，通“抚”，抚慰。

㉖将军之资粮：朝廷为将军所特别准备的食物。

㉗度水而解：指撤过黄河，逃散而去。度，通“渡”。

㉘遂取所亡封内故境：将曾一度丢失的边界以内的国土全部收回。亡，丢失。封，国境线。

㉙未至国：没有到达国都之前。

㉚释兵旅：把兵器都收起来。

㉛解约束：解除战时的种种规定。

㉜誓盟而后入邑：宣布回国后的种种规定。古代有所谓“国容不入军，军容不入国”，盖即此意。

㉝反归寝：主语是齐景公，意谓齐景公完成了一系列的劳军礼仪之后，才回宫歇息。

【译文】

司马穰苴是田完的后裔。齐景公时，晋国攻占了齐国的阿邑、甄邑，燕国攻占了齐国北部黄河南岸的领土，齐军连连败退，齐景公很忧虑。这时晏婴向齐景公推荐了田穰苴，他说："穰苴在田氏宗族中虽然是一个远房子弟，但这个人的文才足以使人团结，武略足以克敌制胜，您可以试用一下。"于是齐景公召见田穰苴，与他谈论了一些军事问题后，心里很高兴，便任命田穰苴为将军，让他领兵去抗击燕、晋入侵的军队。田穰苴说："我一向卑贱，您现在突然把我从平民百姓中提拔起来，把我的职位提到那些大夫们的职位之上，这样士兵们不会听我的号令，百姓们也不会信任我。因为我在人们心目中一向微贱，无足轻重。如果您能派一个您亲信的贵族同时又是全国所尊敬的人来给我当监军，事情就好办了。"齐景公答应了，给他派了庄贾当监军。穰苴辞别了齐景公，与庄贾约定说："明天正午，我们在军门相会。"到了第二天，田穰苴先乘车到了军营，在军门设置了计时的木表与铜漏，而后就在那里等候庄贾的到来。庄贾平素是个骄横懒散的人，他觉得将军穰苴已经去了军营，自己不是主将，只是一个监军，去晚点没有关系，遂不用着急。因此当亲戚朋友给他置酒送别时，他就放心大胆地留下来。田穰苴在军中等待庄贾，一直到正午他还没来，于是下令把木表放倒，把铜壶里的水倒掉，自己升帐点兵，操练部队，宣布纪律。等到这一切完毕，天已经快黑了，这时庄贾才来到军营。穰苴问他："为什么来得这么晚？"庄贾还漫不经心地说："敝人的一些亲戚朋友为我送行，所以逗留了一会儿。"穰苴说："作为一个将军，从他接受国君命令的那一天起，就要把家中的一切事情通通忘掉；当他面对军队宣布纪律的时候，就必须连自己的父母也都忘掉；等到擂响战鼓，向敌人发起冲锋时，他就必须把自己的安危忘掉。如今敌人已经深入我们的国土，国内人心惶惶，前线的士兵风餐露宿，跟敌人苦战，国君焦急得睡不着觉、吃不下饭，全国百姓的性命安危都取决于你的胜败，你还讲究什么请客送行呢？”于是召来执法官问道：“订好时间而迟到的人，按军法该如何处置？”执法官说：“应该斩首。”庄贾一听吓坏了，赶紧叫人飞马去向齐景公求救。可是还没等到派去的人回来，这里田穰苴早已把庄贾斩首，并在三军面前示众了。三军将士见此情景都异常震惊敬畏。

过了一会儿，景公的使者持节乘车闯进了军营，对穰苴宣布，要他赦免庄贾。穰苴对使者说：“大将在军中，可以不接受国君的命令。”又回头问执法官：“军中不得乘车驰骋，现在使者驰车而入，该如何处置？”执法官说：“应该斩首。”使者一听也吓坏了。田穰苴说：“国君的使者不能杀。”于是下令斩了使者的车夫，并砍掉了马车左侧的一根立木，又杀了车前左侧的一匹边马，并把它们在军前示众。处理完毕，穰苴让使者回去向齐景公报告，自己则带兵向前线出发了。在行军途中，穰苴对士兵们的住宿、饮食，以及疾病医药等事，都亲自关心、安置。他把自己的资财粮食都拿出来给士兵们享用，自己和大家吃一样的口粮，和那些吃得最少的人一样。到第三天整饬部队，准备出战时，连生病的人都积极要求去参加战斗。晋军听到穰苴的这一系列做法后，自己主动引兵撤退了。燕军得知这些情况后，也撤过黄河，向北退去。于是穰苴挥兵追击，直到全部收复了齐国失去的领地，才班师回朝。到达国都之前，他先解除了部队的备战状态，取消了战时的种种法规，宣誓立盟之后才进入都城。这时齐景公早已率领公卿大夫到城外迎接，直到慰劳三军的仪式结束，才回宫休息。齐景公接见了穰苴，尊封他为齐国的大司马。从此，田氏家族在齐国也就越来越显贵了。

扩展阅读

景公饮酒，夜移于晏子。前驱款门曰[1]：“君至。”晏子披玄端[2]，立于门曰：“诸侯得无有故乎[3]？国家得无微有事乎？君何为非时而夜辱[4]？”公曰：“酒醴之味[5]，金石之声[6]，愿与夫子乐之。”晏子对曰：“夫布荐席、陈簠簋者[7]，有人[8]，臣不敢与焉[9]。”公曰：“移于司马穰苴之家。”前驱款门曰：“君至。”穰苴介胄持戟立于门曰[10]：“诸侯得微有兵乎[11]？大臣得微有叛者乎？君何为非时而夜辱？”公曰：“酒醴之味，金石之声，愿与将军乐之。”穰苴对曰：“夫布荐席、陈簠簋者，有人，臣不敢与焉。”公曰：“移于梁丘据之家[12]。”前驱款门曰：“君至。”梁丘据左操瑟，右挈竽，行歌而出。公曰：“乐哉，今夕吾饮也！微此二子者[13]，何以治吾国？微此一臣者[14]，何以乐吾身？”君子曰：“圣贤之君，皆有益友，无偷乐之臣[15]。景公弗能及，故两用之，仅得不亡。”

（《晏子春秋·景公夜从晏子饮》）

【注释】

①前驱：先遣人员，负责在前面驱赶行人、发布消息、传达命令等。

②玄端：黑色的礼服。穿好礼服，表示恭敬。

③有故：有事故，指动乱、入侵等。

④夜辱：半夜三更地到我家来。辱，谦词。

⑤酒醴：泛指筵席。醴，甜酒。

⑥金石：以称乐器，这里泛指音乐。

⑦荐席：犹言筵席，摆饭菜的工具。 簠簋（fǔ guǐ）：盛饭菜的器皿。

⑧有人：有专门的人为您服务。

⑨不敢与：意即此事不该我管。与，参与，过问。

⑩介胄：铠甲，头盔。

⑪得微：同前“得无”，是不是，莫不是，表示推测的语气。

⑫梁丘据：齐国当时以谄媚讨好君主为事的小人。

⑬微：如果没有。　　二子：指晏婴、穰苴。

⑭一臣：指梁丘据。

⑮偷乐：不讲原则地追求享乐。

【译文】

齐景公夜间饮酒，中途带着酒席来到晏婴家。先遣人员叩门通知晏婴：“君主驾到。”晏婴赶紧穿好黑色礼服在门口等候，说：“别国莫非有什么动静吗？我们国内莫非出事了吗？不然，国君为什么半夜光临？”齐景公说：“我这里有酒菜、有音乐，想找你一同乐乐。”晏婴说：“为君主铺设筵席、安排餐具，有特定的人员，我不能参与。”齐景公说：“到司马穰苴家里去。”先遣人员又叩门通知穰苴：“君主驾到。”穰苴赶紧披甲戴胄提刀在门口等候，说：“别国莫非兴兵进犯吗？我国大臣莫非有人叛乱吗？不然，国君为什么半夜光临？”齐景公说：“我这里有酒菜、有音乐，想找将军一同乐乐。”穰苴说：“为君主铺设筵席、安排餐具，有特定的人员，我不能参与。”齐景公说：“到梁丘据家里去。”先遣人员叩门通知梁丘据：“君主驾到。”只见梁丘据左手握着瑟，右手提着竽，嘴里唱着歌迎了出来。齐景公说：“今天这顿酒，我可喝得乐呀！没有晏婴、穰苴他们俩，谁来帮我治理国家？没有梁丘据这个宠臣，我怎能获得愉快？”君子说：“圣贤的君主，只有‘益友’，没有‘佞臣’。齐景公做不到，他是‘益友’‘佞臣’两用，故而齐国仅能够勉强维持。”

点　评

《司马穰苴为大将》选自《史记》的《司马穰苴列传》，表现了司马穰苴有威有恩的非凡将才，以及他明大义、知礼节、雍容揖让的儒将风度。选文生动传神，有声有色，是《史记》中的上等文字。至于司马穰苴其人的生活年代，司马迁称其为春秋末期齐景公时人，前人赞同此说者多引《孙子吴起列传》为证，然此传亦同出司马迁之手，不足为凭。可为旁证者为《晏子春秋》中的一节，已经引在上面。

《晏子春秋》中出现的司马穰苴故事，一来可证明司马穰苴是齐景公时人，与晏子同朝而仕。另一方面写出了司马穰苴的大将风度，他立得直、行得正，不屈从齐景公的无理要求，能分清何种行为做法是君子、国之栋梁应有的，何种行为做法是属于小人、佞臣的。大臣与小人、君子与佞臣的界限是万万不能模糊的。

吴起立功屡遭害

吴起者，卫人也[1]，好用兵。尝学于曾子[2]，事鲁君[3]。齐人攻鲁[4]，鲁欲将吴起，吴起取齐女为妻，而鲁疑之。吴起于是欲就名，遂杀其妻，以明不与齐也[5]。鲁卒以为将。将而攻齐，大破之。

鲁人或恶吴起曰："起之为人，猜忍人也[6]。……夫鲁小国，而有战胜之名，则诸侯图鲁矣。且鲁、卫，兄弟之国也[7]，而君用起，则是弃卫。"鲁君疑之，谢吴起[8]。

吴起于是闻魏文侯贤[9]，欲事之。文侯问李克曰[10]："吴起何如人哉？"李克曰："起贪而好色[11]，然用兵司马穰苴不能过也[12]。"于是魏文侯以为将，击秦[13]，拔五城。

起之为将，与士卒最下者同衣食。卧不设席，行不骑乘，亲裹赢粮[14]，与士卒分劳苦。卒有病疽者[15]，起为吮之。卒母闻而哭之。人曰："子卒也，而将军自吮其疽，何哭为？"母曰："非然也。往年吴公吮其父，其父战不旋踵[16]，遂死于敌。吴公今又吮其子，妾不知其死所矣。是以哭之。"

文侯以吴起善用兵，廉平，尽能得士心，乃以为西河守[17]，以拒秦、韩[18]。魏文侯既卒，起事其子武侯[19]。武侯浮西河而下[20]，中流，顾而谓吴起曰："美哉乎山河之固，此魏国之宝也！"起对曰："在德不在险。昔三苗氏左洞庭[21]，右彭蠡[22]，德义不修，禹灭之[23]。夏桀之居[24]，左河、济[25]，右泰华[26]，伊阙在其南[27]，羊肠在其北[28]，修政不仁，汤放之[29]。殷纣之国[30]，左孟门[31]，右太行，常山在其北[32]，大河经其南，修政不德，武王杀之[33]。由此观之，在德不在险。若君不修德，舟中之人尽为敌国也。"武侯曰："善。"

【注释】

①卫：西周初年建立的诸侯国，战国以来逐渐沦为魏国附庸，都城在今河南濮阳西南。

②曾子：名申，孔子弟子曾参之子。

③鲁君：鲁穆公，名显，前407—前377年在位。

④齐：西周初年建立的诸侯国，都城在今山东临淄。

⑤不与齐：不助齐，不倾向于齐。与，助、交结。

⑥猜忍：残忍。

⑦兄弟之国：鲁国是周公姬旦的后代，卫国是康叔姬封的后代，姬旦与姬封是亲兄弟，所以称鲁、卫是兄弟之国。

⑧谢：辞退。

⑨魏文侯：名斯，战国初期的魏国国君，前445—前396年在位。

⑩李克：魏国名臣，曾协助魏文侯实行了许多新的经济政策，使魏国得以富强。

⑪贪：指名利心重，指其破产求仕，又母死不归，以及杀妻求将诸种行事。

⑫司马穰苴：春秋后期齐国的名将。

⑬秦：东周初期以来的诸侯国名，此时的都城在今陕西凤翔城南。

⑭羸：背负。

⑮疽（jū）：痈疮，多发于顶部、背部和臀部，治疗不及时有生命危险。

⑯不旋踵：犹言“不回身”，谓一直向前。踵，脚跟。

⑰西河守：西河郡的郡守。“西河”也称“河西”，约当今陕西东部之黄河西岸地区，当时属魏。

⑱韩：战国时期的诸侯国名，都城在今河南新郑。

⑲武侯：名击，文侯之子，前395—前370年在位。

⑳西河：为时人用以称今山西与陕西交界的那段黄河。

㉑三苗氏：古代传说中的南方部族。

㉒彭蠡：彭蠡泽，即今江西北部的鄱阳湖。古人通常称西边为右，东边为左，此以人之南向而言。今三苗北向以抗舜、禹，故称三苗“左（西）洞庭，右（东）彭蠡”。

㉓禹：夏朝的开国帝王，相传因治洪水有功，舜帝遂以天下相让。

㉔夏桀之居：夏桀是夏朝的末代帝王，都于原（今河南济源西北）。

㉕河、济：黄河、济水，此指今河南温县东，其地为黄河与济水的分流处。

㉖泰华：即华山，在今陕西华阴南。

㉗伊阙：山名，又名龙门山，在今河南洛阳南。因两山相对如门，伊水流经其间，故名。

㉘羊肠：指羊肠坂，太行山上的通道，以其萦曲如羊肠，故名。在今山西晋城南。

㉙汤放之：商汤是殷朝的开国帝王，夏桀被商汤打败后，逃于鸣条（今河南封丘东，也有说在今山西运城之安邑北）而死。

㉚殷纣：商朝的末代帝王，前1075—前1046年在位，都于朝歌（今河南淇县）。后被周武王打败，自焚而死。

㉛孟门：山名，在今河南辉县西。

㉜常山：即恒山，在今河北曲阳西北与山西接壤处。

㉝武王杀之：殷纣被周武王打败后逃往鹿台自焚。

【译文】

吴起是卫国人，喜欢兵法。他曾跟着曾子上过学，后来又在鲁国做事。有一次，齐国起兵攻鲁，鲁君想让吴起为将，但由于吴起的妻子是齐国人，所以鲁国人对吴起有疑心。吴起为了追求立功扬名，就把妻子杀了，以此表明自己不会向着齐国。鲁君终于让他当了大将。他率兵迎敌，最后打败了齐军。

鲁国有人忌恨吴起，就散布吴起的坏话说：“吴起为人太残忍了。……鲁国是个小国，小国有了打败大国的虚名，这就要引起别的国家联合起来对付我们了。何况鲁、卫是兄弟之国，吴起在卫国犯了罪，而我们国君却重用他，这分明是得罪卫国。”鲁君听了这些话，也怀疑吴起，不久就辞退了他。

吴起听说魏文侯是个明君，便来到了魏国，请求为魏国做事。魏文侯问李克说：“吴起这人怎样？”李克说：“吴起贪名而好色，但要说到用兵打仗，就是司马穰苴也比不过他。”于是魏文侯任用吴起为将，吴起带兵攻秦，一连夺取了秦国的五座城池。

吴起当将军时，和最下等的士兵吃一样的饭，穿一样的衣服。睡觉不铺褥子，行军时不仅不骑马坐车，而且还亲自背粮食，与士兵同甘共苦。有一个士兵长了痈疮，吴起亲自用嘴给他吸脓。这个士兵的母亲听说后，不由得哭了起来。别人问她：“你的儿子是个小兵，人家将军亲自为他吸脓，你哭什么呢？”这位母亲说：“你不知道，以前吴将军也这样替孩子他爹吸过疮，因此孩子他爹就感动得勇往直前，连头都不回地战死在沙场上。如今吴将军又替我们的孩子吸疮，我不知道这孩子将来会战死在什么地方，所以我才哭了。”

魏文侯因为吴起善用兵，而且不爱财，待人公平，能得到士兵的拥戴，就让他当了西河郡的郡守，以防备秦、韩两国的入侵。魏文侯死后，吴起接着为魏武侯做事。一次，魏武侯与吴起等人一同乘船，沿着黄河顺水漂流而下，中途，魏武侯环顾着四周的景象对吴起说：“多么壮丽险要的山川啊！这可是我们魏国的宝物。”吴起对武侯说：“国家的强固是在于实行德政，而不在于地势的险要。昔日三苗氏的立国，西倚洞庭湖，东靠鄱阳湖，够险要了吧？可是由于他们不讲德义，结果大禹把它灭了。夏桀的都城，东有黄河、济水，西有华山，南有伊阙山，北有太行山的羊肠坂，但由于他为政不仁，结果被商汤打败，自己也被流放。商纣王的国都，东有孟门山，西有太行山，北有恒山，南有黄河，可是由于他不实行德政，最后被周武王所杀。由此看来，国家的巩固，是在于德政而不在天险。如果您不实行德政，这船上坐的都将变成您的敌人。”魏武侯听罢，敬佩地说：“好！”

吴起为西河守，甚有声名。魏置相，相田文①。

田文既死，公叔为相②，尚魏公主③，而害吴起④。公叔之仆曰：“起易去也。”公叔曰：“奈何？”其仆曰：“吴起为人节廉而自喜名也。君因先与武侯言曰：‘夫吴起贤人也，而侯之国小，又与强秦壤界，臣窃恐起之无留心也。’武侯即曰⑤：‘奈何？’君因谓武侯曰：‘试延以公主⑥，起有留心则必受之，无留心则必辞矣。以此卜之⑦。’君因召吴起而与归，即令公主怒而轻君⑧。吴起见公主之贱君也，则必辞。”于是吴起见公主之贱魏相，果辞魏武侯。武侯疑之而弗信也。吴起惧得罪，遂去，即之楚。

楚悼王素闻起贤⑨，至则相楚。明法审令，捐不急之官，废公族疏远者，以抚养战斗之士。要在强兵，破驰说之言从横者。于是南平百越⑩；北并陈、蔡⑪，却三晋⑫；西伐秦。诸侯患楚之强。故楚之贵戚尽害吴起。及悼王死，宗室大臣作乱而攻吴起，吴起走之王尸而伏之⑬。击起之徒因射刺吴起，并中悼王。悼王既葬，太子立，乃使令尹尽诛射吴起而并中王尸者⑭。坐射起而夷宗死者七十余家⑮。

（《孙子吴起列传》）

【注释】

①相田文：以田文为相。按，此田文为魏国贵族，与后来齐国的孟尝君田文非一人。

②公叔：原是韩国贵族，来魏而为相者。

③尚魏公主：娶魏国的公主为妻。尚，上配，对娶帝王之女的敬称。

④害：忌恨。

⑤即：倘若。

⑥延以公主：以给公主招亲的办法来招揽他。延，请，招纳。

⑦卜：占卜，算卦，这里用为“测试”的意思。

⑧令公主怒而轻君：意谓让你们家的公主故意做出一副盛气凌人的样子。

⑨楚悼王：名疑，前401—前381年在位。

⑩百越：统称当时居住在今福建、广东、广西一带的少数民族，因其种族繁多，故称“百越”。

⑪陈、蔡：西周初期以来的诸侯国名，陈国的都城即今河南淮阳，蔡国的都城即今河南上蔡。

⑫三晋：指韩、赵、魏三国，因为它们都是瓜分晋国建立的国家。

⑬走之：跑向。

⑭令尹：楚官名，相当于丞相。

⑮夷宗：灭族。夷，平、灭。

【译文】

吴起在担任西河郡守的时期，声望很高，而魏国设立丞相，却选用了贵族田文。

田文死后，公叔接任为相，公叔娶的是魏国的公主，他一向忌恨吴起。公叔的仆从对公叔说：“要想撵走吴起是很容易的。”公叔问：“你有什么办法？”仆从说：“吴起是个有气性、有棱角、爱名声的人。您可以先去对武侯说：

‘吴起是一个能人，而您的国家比较小，又紧挨着强大的秦国，我担心吴起不会长久地留在魏国。’这时武侯如果问您：‘那怎么办呢？’您就对武侯说：‘可以用给公主招亲的办法来试探他，他要是想长期留在魏国，就会接受这门亲事；要是他不打算长期留下去，他就一定会推辞，这样您就可以试探出他的想法了。’您跟武侯这样说过后，立刻就请吴起到您家里作客，您要让你们家的公主当着吴起的面对您发脾气，蔑视您。吴起一见公主轻贱您，他就必然会拒绝武侯的提亲了。”果然，吴起一见公叔之妻对公叔的蔑视，就委婉地谢绝了魏武侯的招亲。而魏武侯从此也对吴起有了疑心，不再信任他。吴起害怕这样下去迟早要出事，于是就离开魏国去了楚国。

楚悼王早就知道吴起的才干，所以吴起一到，就让他做了楚国的丞相。吴起执政后，制订了明确的法令，并切实地付诸实行，他裁减了所有无关紧要的官员，废除了那些与王室疏远的家族的特权，把节省下来的钱财用于提高士兵的生活待遇。他的主要宗旨是加强军事实力，而坚决排斥那些到处奔走游说、大讲合纵连横的人。于是楚国的实力大增，向南平定了百越；向北兼并了陈、蔡，打退了韩、魏等国的侵扰；还几次出兵西上伐秦，使得各国都对楚国的强大感到不安。但是楚国的旧贵族们都忌恨吴起。等到楚悼王一死，这些人便趁机发动叛乱，他们追杀吴起，吴起逃到了楚悼王停尸的地方，趴在楚悼王的尸体旁。这帮追杀吴起的人在刺射吴起的时候，楚悼王的尸体上也中了不少箭。等到安葬完楚悼王，太子立为新君后，他命令令尹把追杀吴起时连带伤害了悼王尸体的叛乱分子一齐斩首。前后被灭族的计有七十多家。

扩展阅读

公孙鞅曰[①]：“臣闻之，‘疑行无成，疑事无功’，君亟定变法之虑[2]，殆无顾天下之议之也[3]。且夫有高人之行者[4]，固见负于世[5]；有独知之虑者，必见訾于民[6]。语曰：‘愚者暗于成事[7]，知者见于未萌[8]。民不可与虑始[9]，而可与乐成。’郭偃之法曰[10]：‘论至德者[11]，不和于俗；成大功者，不谋于众。’法者，所以爱民也；礼者，所以便事也。是以圣人苟可以强国，不法其故；苟可以利民，不循其礼[12]。”孝公曰：“善。”甘龙曰[13]：“不然。臣闻之，圣人不易民而教[14]，知者不变法而治。因民而教者，不劳而功成；据法而治者[15]，吏习而民安。今若变法，不循秦国之故，更礼以教民，臣恐天下之议君，愿孰察之。”公孙鞅曰：“子之所言，世俗之言也。夫常人安于故习，学者溺于所闻[16]。此两者所以居官守法，非所与论于法之外也。三代不同礼而王[17]，五霸不同法而霸[18]，故知者作法，而愚者制焉；贤者更礼，而不肖者拘焉。拘礼之人，不足与言事；制法之人[19]，不足与论变。君无疑矣。”杜挚曰[20]：“臣闻之，利不百，不变法；功不十，不易器，而皆以自治也。故明主因治而治之[21]，故天下大治也。臣闻法古无过，循礼无邪。君其图之。”公孙鞅曰：“前世不同教，何古之法？帝王不相复，何礼之循？伏羲神农教而不诛[22]，黄帝尧舜诛而不怒[23]，及至文武[24]，各当时而立法，因事而制礼。礼法以时而定，制令各顺其宜，兵甲器备各便其用[25]。臣故曰：治世不一道，便国不必法古。汤武之王也[26]，不循古而兴；殷夏之灭也[27]，不易礼而亡。然则反古者未可必非，循礼者未足多是也[28]。君无疑矣。”孝公曰：“善。吾闻穷巷多怪，曲学多辨[29]。愚者之笑，智者哀焉；狂夫之乐，贤者忧焉。拘世以议[30]，寡人不之疑矣。”于是遂出垦草令[31]。

（《商君书·更法》）

【注释】

①公孙鞅：魏国贵族的后代，秦孝公时逃到秦国。

②亟：赶快。

③殆：发语词，有“可以、根本”一类的意思。

④高人之行：高出一般人的行为。

⑤见负于世：被整个社会所非议。

⑥见訾（zǐ）：被诅咒，被埋怨。

⑦暗于成事：事情已经办成了，他还不能理解。暗，糊涂，不明白。

⑧知者：有智慧的人。　见于未萌：在事情未出现之前就已经预见到了。

⑨虑始：研究如何开头。

⑩郭偃：相传是春秋时人，曾佐助晋文公变法。

⑪至德：至高无上之德。

⑫不循其礼：不遵循旧礼。

⑬甘龙：秦孝公时的顽固派官僚，当时任太子的辅导官。

⑭不易民：不改变百姓的风俗习惯。

⑮据法：遵循旧法。

⑯学者：书呆子。

⑰三代：指夏、商、周三朝。

⑱五霸：指齐桓公、晋文公、楚庄王、吴王阖闾、越王勾践。

⑲制法之人：指被法律所约束的人。

⑳杜挚：秦国的顽固派官僚，也是太子的辅导官。

㉑因治而治：前人怎么做，就跟着怎么做。

㉒伏羲神农：都是远古传说中的帝王。

㉓黄帝尧舜：司马迁所说的五帝中的三个帝王。

㉔文武：周文王与周武王。

㉕各便其用：怎样方便使用就怎么做。

㉖汤武：商汤与周武王，商周两朝的开国帝王。

㉗殷夏：此指殷纣与夏桀，夏殷两朝的亡国之君。

㉘未足多：不值得肯定。多，赞美。

㉙曲学多辨：钻牛角尖的人越会花言巧语。

㉚拘世：被世俗的成见所左右。

㉛垦草令：奖励开荒以发展农业的命令。

【译文】

商鞅说："我听说，'行动犹豫，永远无结果；办事犹豫，永远办不成'，请君主赶紧拿定变法的主意，不要顾忌天下臣民的议论。一个人的行为只要超越世俗，那肯定要被世俗所非议；一个人的智慧超过群体，他肯定要被群体所指责。俗话说：'愚蠢的人对已经成功的事实仍不能理解，聪明的人能够预见未来。一般百姓是不必和他们商量事情如何开始，只可让他们接受既成的事实。'郭偃的法书上说：'有至高道德的人，必然与世俗之人不合；能成大功的人，不与一般人共同谋划。'法律，是用来保护百姓的；礼节，是为行事方便而设的。作为圣人，只要对强国有利，就不必遵循过去的陈规旧俗；只要对百姓有利，就不必顾及往日的旧礼节。"秦孝公说："好。"甘龙说："不对。我听说，圣人不改变旧时的民风而使百姓教化，聪明人不改变过去的法制而治理国家。因循旧风俗施教，不用费劲就能成功；依照旧法治国，官民都安然顺从。如今一旦变法，不遵循秦国旧规，更改礼法教民，我怕天下百姓议论您，请您三思。"商鞅说："你所说的这些，都是老生常谈。一般人都习惯老一套，书呆子也习惯于那些旧教条。这两项用来维持现状是可以的，但不是追求一种新境界的思路。夏、商、周三代的礼仪不同，却都能称王于天下；春秋五霸各有各的法规，却都能做天下的霸主，所以智者制订法规，而愚蠢的人只有遵循照办；贤明的人更改礼仪，而没出息的人只有谨守奉行。被旧礼所拘束的人，不值得与他们商量；被旧法所拘束的人，不值得和他们讨论变革。君主您就别再犹豫了。"杜挚说："我听说，没有百倍的效果，不改变旧法；没有十倍的功效，不使用新器物，过去不都是好好的嘛。所以明主按旧法而治国，国家就可以得到很好的治理。我听说按旧的法规做就不会出错，遵循旧的礼仪就不会出偏差。请君主考虑。"商鞅说："以往的朝代教化都不同，我们到底该学哪一个？过去帝王的礼数都不一样，我们到底该遵循哪种礼？伏羲神农时代只有教育没有惩罚，黄帝尧舜时代有杀戮而不发怒，到了周文王周武王，又都是根据当时的需要而制订法律，根据形势而制订礼仪。礼、法都是根据时代不同定的，制度命令都是根据需要而定的，兵器盔甲都是根据使用方便而制造的。所以我说：治理国家的办法不一样，为了便于治国不必效法古人。商汤周武王的称王都不是因为效法古人而成就的；商朝、夏朝的灭亡，倒是因为一直奉行旧礼法而灭亡了。可见，反对过去的未必就错，遵循旧礼的未必就值得称赞。君主不要再犹豫了。”秦孝公说：“好。我听说住在穷巷的人少见多怪，钻牛角尖的书呆子好夸夸其谈。愚蠢者的讥笑，只能让智者感到悲哀；狂人所喜爱的东西，贤者只替他感到担忧。那些被世俗成见所左右的言论，我不再受他们的蛊惑了。”于是颁布了《垦草令》。

点 评

《吴起立功屡遭害》选自《孙子吴起列传》。《孙子吴起列传》是孙武、孙膑、吴起三个军事家的合传。孙武练女兵的故事比较离奇，意义不大，本书未选。其余两人以吴起的年辈较长，故而将吴起之事排在了前面。吴起不仅是战国初期杰出的军事家，而且是杰出的政治家，他在楚国的变法，比商鞅在秦国的变法早六十多年。吴起在楚国的变法卓有成效，遗憾的是楚悼王过早去世，因而使吴起的变法立即被反动势力所扑灭扼杀。如果楚悼王再多活十年，战国时代的历史说不定是另外一种模样。更加遗憾的是，司马迁由于其自身受过宫刑的惨痛经历，使他从感情上讨厌法家人物，因此出现在《史记》中的法家人物如商鞅、韩非、晁错等等都被司马迁所厌恶斥责，这是很不公平的。但司马迁毕竟是伟大的，尽管他不喜欢法家人物，他还是公正地写出了吴起卓越的本领才干，吴起不论到哪个国家，都能为那个国家建立出色的功勋，做出突出的贡献。尤其是吴起在遇害前，还能机智地采取一种为自己报仇、狠狠整治那些暴徒的绝妙做法。从这些方面也表现了司马迁对吴起屡建功、屡被害这种悲惨命运的同情。

自古以来，进行改革是一件非常艰难的事，就因为牵一发动全身，它关乎着一大批旧官僚、一大批掌权者的根本利益。进行改革就等于向这个庞大的既得利益集团开刀，就等于“与虎谋皮”。哪个利益集团甘心自行交出权力、退出历史舞台呢？故而进行一场重大的改革，不亚于进行一场你死我活的战争。如果不是由圣明英武、有智谋、有权威，并深受广大民众所拥护爱戴的最高统治者（如赵武灵王、魏孝文帝）亲自发动，一般很难获得完满成功。吴起、商鞅、晁错、王安石等等给人们留下的教训非常深刻。但不改革，一个腐败的国家又怎能重获新生呢？

孙膑马陵杀庞涓

孙膑尝与庞涓俱学兵法①。庞涓既事魏，得为惠王将军②，而自以为能不及孙膑，乃阴使召孙膑。膑至，庞涓恐其贤于己，疾之③，则以法刑断其两足而黥之④，欲隐勿见。

齐使者如梁⑤，孙膑以刑徒阴见，说齐使。齐使以为奇，窃载与之齐。齐将田忌善而客待之⑥。忌数与齐诸公子驰逐重射⑦。孙子见其马足不甚相远⑧，有上、中、下辈⑨。于是孙子谓田忌曰："君弟重射⑩，臣能令君胜。"田忌信然之⑪，与王及诸公子逐射千金⑫。及临质⑬，孙子曰："今以君之下驷与彼上驷⑭，取君上驷与彼中驷，取君中驷与彼下驷。"既驰三辈毕⑮，而田忌一不胜而再胜，卒得王千金。于是忌进孙子于威王⑯。威王问兵法，遂以为师⑰。

其后魏伐赵⑱，赵急，请救于齐。齐威王欲将孙膑，膑辞谢曰："刑余之人不可。"于是乃以田忌为将，而孙子为师，居辎车中⑲，坐为计谋。田忌欲引兵之赵，孙子曰："夫解杂乱纷纠者不控捲⑳，救斗者不搏撠㉑，批亢捣虚㉒，形格势禁㉓，则自为解耳。今梁、赵相攻，轻兵锐卒必竭于外，老弱罢于内[24]。君不若引兵疾走大梁[25]，据其街路[26]，冲其方虚，彼必释赵而自救。是我一举解赵之围而收弊于魏也。”田忌从之，魏果去邯郸[27]，与齐战于桂陵[28]，大破梁军。

后十三岁，魏与赵攻韩，韩告急于齐。齐使田忌将而往，直走大梁。魏将庞涓闻之[29]，去韩而归[30]，齐军既已过而西矣[31]。孙子谓田忌曰：“彼三晋之兵素悍勇而轻齐[32]，齐号为怯，善战者因其势而利导之。兵法，百里而趣利者蹶上将[33]，五十里而趣利者军半至。使齐军入魏地为十万灶，明日为五万灶，又明日为三万灶。”庞涓行三日，大喜，曰：“我固知齐军怯，入吾地三日，士卒亡者过半矣[34]。”乃弃其步军，与其轻锐倍日并行逐之。孙子度其行，暮当至马陵[35]。马陵道陕[36]，而旁多阻隘，可伏兵，乃斫大树白而书之曰“庞涓死于此树之下”。于是令齐军善射者万弩，夹道而伏，期曰[37]：“暮见火举而俱发。”庞涓果夜至斫木下，见白书，乃钻火烛之[38]。读其书未毕，齐军万弩俱发，魏军大乱相失[39]。庞涓自知智穷兵败，乃自刭，曰：“遂成竖子之名[40]！”齐因乘胜尽破其军，虏魏太子申以归[41]。孙膑以此名显天下，世传其兵法[42]。

（《孙子吴起列传》）

【注释】

①俱学兵法：相传二人都在鬼谷子门下学习兵法。

②惠王：魏武侯之子，名罃，前369—前319年在位。因魏国当时都于大梁（今河南开封），故也称“梁惠王”。

③疾：憎恶，忌恨。

④黥（qíng）：在犯人脸上刺字的一种刑罚。

⑤如梁：到达魏国的国都大梁。

⑥田忌：战国时期齐国的名将。

⑦诸公子：除太子以外的国王的其他儿子。　驰逐重射：下大赌注地比赛马拉车奔驰。重射，下大赌注。射，猜、押。

⑧马足：马的奔跑能力。足，足力。

⑨有上、中、下辈：分上、中、下三等。

⑩弟重射：尽管下大赌注。弟，又作“第”，但，尽管。

⑪信然：相信，同意。

⑫逐射千金：下千金的赌注来比赛看谁的马快。逐，竞争。千金，秦时以二十两为一金，汉时以一斤为一金。

⑬临质：轮到比赛开始的时候。质，对，对决。

⑭下驷：下等马。驷，原指一车四马，后来也用以即指马。

⑮既驰三辈毕：比试过三场之后。辈，次。

⑯威王：名因齐，前356—前320年在位。

⑰为师：为军师。

⑱魏伐赵：魏惠王十六年（前354），赵伐卫，魏国为救卫进兵包围了赵都邯郸。

⑲辎车：有篷盖的车，区别于当时的一般兵车。

⑳杂乱纷纠：如乱丝、乱麻之类。　控捲：引拳相击，指乱砸。控，投。捲，通“拳”。

㉑救斗：制止打架。　搏撠：以手指叉人。

㉒批亢捣虚：即今之所谓“避实就虚”。批，撇，避。亢，强。

㉓形格势禁：停止，结束。“格”“禁”二字同义，都是停止、结束的意思。

㉔罢：同“疲”，困乏。

㉕疾走大梁：奔袭魏国的国都大梁。

㉖街路：交通要道。

㉗去邯郸：撤除对邯郸的包围。

㉘桂陵：魏县名，在今河南长垣西北。

㉙魏将庞涓闻之：按，据记载，在前文所说桂陵之战时，孙膑已经俘获庞涓，现在为何又冒出了庞涓？有人说大概是那次战后，经双方谈判庞涓被释放回魏的缘故。

㉚去韩而归：谓撤除对韩国都城的包围，移军至魏国东境以阻击齐军。

㉛齐军既已过而西：齐军已经越过魏国的边境，向西直扑魏都大梁。

㉜三晋之兵：此处即指魏军，因魏与韩、赵皆分晋而建国，故

时人多称魏为“三晋”或“晋”。

㉝百里而趣利：奔赴百里之外去追求胜利。趣，通“趋”，奔赴。

㉞亡者：开小差的人。亡，逃跑。

㉟马陵：古地名，有说在今山东范县西南。此说与进兵的方向不合。

㊱陕：通“狭”。

㊲期：约定。

㊳钻火：远古人钻木取火，这里即指点火。

㊴相失：彼此乱奔乱跑。

㊵遂成：成就。

㊶魏太子申：魏惠王的太子，名申，时为魏国上将军。

㊷世传其兵法：按，《孙膑兵法》于六朝以来不见于世，人多疑史公此语有误。1972年于山东临沂银雀山汉墓中发现此书，1975年已公开出版。共十六篇，有《擒庞涓》《威王问》等篇。

【译文】

孙膑曾与庞涓一道学习兵法。后来庞涓做了魏惠王的将军，他知道自己的才能比不上孙膑，于是就派人悄悄把孙膑招到了魏国。孙膑来到大梁后，庞涓忌恨他，怕他超过自己，就编造罪名，诬蔑孙膑犯法，砍掉孙膑的两只脚，并在他的脸上刺了字，想以此让他永无出头之日。

后来，齐国的使者来到魏都大梁，孙膑就以一个罪犯的身份悄悄地求见了齐国使者，同齐国使者进行了交谈。齐国使者认为孙膑是位奇才，就把他藏进马车，偷偷把他带到了齐国。齐国的大将田忌喜欢孙膑，待他很好。田忌经常和齐王以及宗室的公子们赛马赌钱。孙膑看着田忌家的马与对方的马实力差不多，都可以分为上、中、下三等。于是孙膑对田忌说：“下回赛马，您尽管下大赌注，我包您能赢。”田忌相信孙膑，便约齐王和诸公子赛马，并下了千金的赌注。临到比赛开始时，孙膑对田忌说："您用您的下等马跟他们的上等马比赛，用您的上等马对付他们的中等马，用您的中等马对付他们的下等马。"就这样，三场比赛过后，田忌一负二胜，赢了齐王的千金。于是，田忌就把孙膑推荐给齐威王。齐威王和他谈论兵法，很佩服，随即尊孙膑为军师。

后来，魏国出兵攻打赵国，赵国形势危急，派人向齐国求援。齐威王想派孙膑率兵援赵，孙膑推辞说："我是受过刑的人，不宜充当主将。"于是齐王就派田忌为主将，而请孙膑给他当军师，让他坐在一辆有篷盖的车里，为田忌出谋划策。田忌打算引兵直奔被围的赵国，孙膑说："要解开一团乱麻，只能慢慢解，不能乱扯乱揪；给人拉架，只能从旁劝解，不能挥拳抡臂地加在里头掺和。如果避实就虚，那么形势就会立刻发生变化，问题也就自然迎刃而解了。如今魏国出兵攻赵，他们的精锐部队都到外面去了，国内留下的都是一些老弱病残。您不如领兵奔袭魏国的国都大梁，占据他们的交通要道，攻击他们守备薄弱的地方，这样魏军就必定要撤兵回来自救。这样我们一举两得，既解了赵国之围，又能在半路上伏击魏国的疲惫之兵。"田忌采纳了这个方略，魏军果然放弃了赵都邯郸，回师自救，而田忌则在半路上的桂陵设下埋伏，把魏军打得落花流水。

十三年后，魏国又与赵国联合攻韩，韩国向齐国告急求援。齐王又让田忌为将带兵救韩，田忌率兵直扑大梁。魏将庞涓闻讯后，急忙从韩国撤兵，赶回魏国东境阻击齐军，可是这时齐军已经越过边境突向魏国腹地了。孙膑对田忌说："魏国人以剽悍勇猛著称，他们素来瞧不起齐国人，认为齐兵怯懦。善于作战的人就是要将计就计，因势利导，引诱他们轻敌上当。兵法上不是说过么：每天行军百里赶去和敌人争利，就要折损自己的上将；每天行军五十里赶去和敌人争利，部队就会减员一半。我们就按照这种思想来麻痹他们，我军进入魏境的头一天，在宿营地上安排给十万人做饭的炉灶，到第二天安排给五万人做饭的炉灶，到第三天只安排给三万人做饭的炉灶。”庞涓追了三天，他高兴地说：“我早知道齐国人是胆小鬼，进入我国境内才三天，开小差的就超过一大半了。”于是庞涓下令甩掉步兵，只带着一支轻装的骑兵昼夜兼程地追赶齐军。孙膑估算着魏军的行程，到天黑时可以赶到马陵。马陵这个地方道路狭窄，两旁地势险要，可以埋下伏兵。于是孙膑叫人把路边的一棵大树削去树皮，在露出白木头的地方写上“庞涓死于此树之下”几个大字。然后调集了万余名善射的齐兵，埋伏在山路两旁，约定说：“天黑以后，只要看见有人点火把，你们就一起放箭。”当天夜晚，庞涓果然带兵进入了马陵道，来到这棵大树下，他见树上仿佛写着什么，便叫人点起火把照看，结果树上的字还没看完，两旁埋伏的齐兵就万箭齐发，魏军顿时乱成一团。庞涓知道大势已去，自己没有任何办法，只好拔剑自杀了。临死前他又恨又气地说：“这一下可成就了孙膑这小子的名声！”齐军乘胜追击，彻底打败了魏军，并俘虏了魏国太子申，凯旋而归。从此孙膑名扬天下，他写的兵法也在世上广为流传。

扩展阅读

夫兵者，非士恒势也[①]，此先王之傅道也[②]。战胜，则所以在亡国而继绝世也[③]；战不胜，则所以削地而危社稷也，是故兵者不可不察。然夫乐兵者亡[④]，而利胜者辱[⑤]。兵非所乐也，而胜非所利也。事备而后动[⑥]。故城小而守固者，有委也[⑦]；卒寡而兵强者，有义也。夫守而无委，战而无义，天下无能以固且强者。……

故曰：德不若五帝，而能不及三王，智不若周公，曰“我将责仁义[⑧]，式礼乐[⑨]，垂衣裳[⑩]，以禁争夺”。此尧舜非弗欲也，不可得，故举兵绳之[⑪]。

（《孙膑兵法·见威王》）

【注释】

①非士恒势：其形势不是一成不变的。士，同“恃”。

②先王之傅道：自远古传下来的一种学问。傅，有说应作“传”。

③在亡国：即存亡国，使将亡之国不致灭亡。 继绝世：使濒于灭绝的世系得以继续下去。

④乐兵：好战，好炫耀武力。

⑤利胜：贪图取胜，好追求战胜克敌。

⑥事备而后动：在各种条件具备的时候才动手进行。

⑦有委：有储存，指粮食、武器等储备充足。

⑧责仁义：靠着实行仁义。

⑨式礼乐：通过治礼作乐。

⑩垂衣裳：清闲无事的样子。

⑪举兵绳之：靠武力解决问题。

【译文】

战争，其形势不是一成不变的，这是古代先王传下来的一门学问。如能打败敌人，就能使将亡的国家得以存活，将绝的世系得以继续。如果不能取胜，其结果就是领土减少，政权危亡。所以国家的军备与战事，是不能不认真对待的。但好战者必自取灭亡，贪于求胜者必自取其辱。战争不是让人高兴的事，胜利不能被当作一种利益来追求。必须等一切条件具备了才能进行。所以凡城小而能牢固坚守的，是因为城内的粮食与战备物资储存充足；兵少而能顽强战斗的，是因为他们站在了正义的一方。如果防守而各种储备不足，战斗而不居于正义一方，那是不可能牢固防守或打败敌人的。……

所以说：道德不如五帝，才能不及三王，智慧不如周公，而说什么“我能靠着讲仁义，讲礼乐，清清闲闲地制止战争”（这简直是欺人之谈）。尧舜也不想这么做，但不可避免，所以最后还得兴兵讨伐。

点 评

《孙膑马陵杀庞涓》选自《史记》的《孙子吴起列传》，表现了孙膑不怕挫折、忍辱奋斗，终于报仇雪耻，重建自己高尚人格的英雄气概。司马迁在《太史公自序》与《报任安书》中反复提到“孙子膑脚，兵法修列”，足见其对孙膑的倾心赞赏。其次表现了司马迁对那些妒才忌能而害人致死、致残者的极端憎恶，这也是《史记》中的重要主题之一。司马迁一再在《史记》中说“女无美恶，入宫见忌；士无贤不肖，入朝见妒”“美女者，丑女之仇”等等，这是与司马迁的悲惨身世紧密相关的。其三是这篇马陵道伏兵杀庞涓的情节极富“戏剧性”和“小说性”，其中写庞涓临死还不认输、不服气而又无可奈何的情景活灵活现。

孙武著有兵法，是举世公认的；说孙膑著有兵法，最初只有司马迁。因为没有孙膑的兵法传世，故而两千多年来无人承认。幸亏1972年山东临沂的银雀山出土了一批汉简，其中既有孙武的兵法，即所谓十三篇；同时也有孙膑的兵法《擒庞涓》《威王问》等，整理者将其定名为《孙膑兵法》，刊行于世。上文选了《见威王》中的两个段落，非常精彩。

甘茂为秦取宜阳

甘茂者，下蔡人也[①]。事下蔡史举先生[②]，学百家之术[③]。因张仪、樗里子而求见秦惠王[④]。王见而说之，使将，而佐魏章略定汉中地[⑤]。

惠王卒，武王立。张仪、魏章去，东之魏[⑥]。蜀侯辉、相壮反[⑦]，秦使甘茂定蜀。还，而以甘茂为左丞相，以樗里子为右丞相。秦武王三年[⑧]，谓甘茂曰："寡人欲容车通三川[⑨]，以窥周室[⑩]，而寡人死不朽矣[⑪]。"甘茂曰："请之魏，约以伐韩[⑫]，而令向寿辅行[⑬]。"甘茂至[⑭]，谓向寿曰："子归，言之于王曰'魏听臣矣[⑮]，然愿王勿伐[⑯]'。事成，尽以为子功。"向寿归，以告王，王迎甘茂于息壤[⑰]。甘茂至，王问其故。对曰："宜阳[⑱]，大县也，上党、南阳积之久矣[⑲]。名曰县，其实郡也。今王倍数险[⑳]，行千里攻之，难。昔曾参之处费[㉑]，鲁人有与曾参同姓名者杀人，人告其母曰'曾参杀人'，其母织自若也[㉒]。顷之，一人又告之曰'曾参杀人'，其母尚织自若也。顷又一人告之曰'曾参杀人'，其母投杼下机，逾墙而走[㉓]。夫以曾参之贤与其母信之也，三人疑之[㉔]，其母惧焉。今臣之贤不若曾参，王之信臣又不如曾参之母信曾参也，疑臣者非特三人[25]，臣恐大王之投杼也[26]。始张仪西并巴蜀之地[27]，北开西河之外[28]，南取上庸[29]，天下不以多张子而以贤先王[30]。魏文侯令乐羊将而攻中山[31]，三年而拔之[32]。乐羊返而论功，文侯示之谤书一箧[33]。乐羊再拜稽首曰：'此非臣之功也，主君之力也。'今臣，羁旅之臣也[34]。樗里子、公孙奭二人者挟韩而议之[35]，王必听之，是王欺魏王而臣受公仲侈之怨也[36]。"王曰："寡人不听也，请与子盟[37]。"卒使丞相甘茂将兵伐宜阳。五月而不拔，樗里子、公孙奭果争之[38]。武王召甘茂，欲罢兵。甘茂曰："息壤在彼[39]。"王曰："有之。"因大悉起兵，使甘茂击之。斩首六万，遂拔宜阳[40]。

武王竟至周，而卒于周[41]。

（《樗里子甘茂列传》）

【注释】

①下蔡：楚县名，县治即今安徽凤台。

②史举：战国中期的著名学者、隐者。

③百家之术：兼收并蓄的杂家学问。

④张仪、樗（chū）里子：都是秦惠王时期的重要大臣，对发展壮大秦国有重要贡献。　秦惠王：孝公之子，秦国诸侯中第一个称王者。

⑤魏章：惠王时期的秦国名将。　略定：平定。　汉中地：楚国的汉中郡一带地区，约当今湖北西北角和与之邻近的陕西安康一带地区。

⑥张仪、魏章去，东之魏：武王即位后，秦国群臣诋毁张仪、魏章，二人被迫离秦去魏。

⑦蜀侯煇、相壮反：蜀侯名煇、蜀相名壮。蜀是今四川境内的小国名，惠王时被秦国打败，归附于秦，贬王称侯。惠王死后又反秦。

⑧秦武王三年：前308年。

⑨容车通三川：含蓄的说法，意即我要到周天子的洛阳城蹓跶蹓跶。容车，极言不宽的一条小道。三川，指今河南洛阳一带，因其地有伊水、洛水、黄河三条河流而言。

⑩窥周室：看看周天子的模样。窥，偷看。也是含蓄的说法。

⑪死不朽：死也甘心，死也瞑目。

⑫约以伐韩：约魏随秦共同伐韩。因韩与周相邻，秦人要到洛阳必须经过韩国的宜阳一带。

⑬向寿：秦王的亲信。

⑭甘茂至：谓甘茂、向寿到达魏国。

⑮魏听臣：指魏国答应出兵，愿跟着秦国一起攻韩。

⑯愿王勿伐：希望大王还是不要伐韩了。

⑰王迎甘茂于息壤：意谓武王将甘茂召回至息壤。息壤，秦邑名，当在咸阳之东。

⑱宜阳：即今河南宜阳，当时为韩国的重要都市，曾为韩国的

都城，在周都洛阳的西南方。

⑲上党、南阳：都是韩国的重要地区，上党约当今山西之长治、高平一带。南阳约当今河南之孟县、济源一带，因其地处太行山之南、黄河之北而得名。以上二地的出产与战备物资大量储存在宜阳城内。

⑳倍数险：跨越许多险要之处，如函谷、崤山等等。倍，通“背”，跨越。

㉑曾参：孔子的弟子，以孝闻名。　处费：居住于费。费，鲁邑名，在今山东费县西北。

㉒自若：依然如故，像没有听到任何事情一样。

㉓投杼下机，逾墙而走：极言其慌张、恐惧之状。投杼，扔下梭子。杼，织机上的梭子，用以穿纬线。

㉔三人疑之：三个人向她传假话。疑，哄骗。

㉕疑臣：在您面前散布怀疑我的言论，亦即攻击、诽谤。

㉖臣恐大王之投杼也：意即害怕大王日后对我起疑心。

㉗张仪西并巴蜀之地：事在秦惠王后元九年（前316）。

㉘北开西河之外：事在惠文王十年（前328），是年秦国占领了魏国的今陕西米脂、榆林一带，即所谓“西河”。

㉙南取上庸：事在秦惠王后元十三年（前312）。上庸，即楚国的汉中郡。

㉚多：赞美。

㉛魏文侯：名斯，战国初期的魏国国君。　乐羊：魏国名将，乐毅的先人。　中山：战国前期鲜虞人建立的小国名，前期的国都在今河北定州。

㉜三年而拔之：魏灭中山在文侯四十年（前406）。

㉝箧（qiè）：竹箱。

㉞羁旅：即今所谓“旅客”。甘茂原为楚人，仕于秦，故自称“羁旅”。

㉟公孙奭（shì）：秦国贵族，也作“公孙郝”“公孙赫”，与向寿同为秦王的亲信。　挟韩而议之：抓住伐韩的事情对我

进行诽毁。挟，持。

㊱王欺魏王：欺，骗，说好了的事情又变卦。　臣受公仲侈之怨：让我被韩国的群臣所痛恨。公仲侈，韩国宰相。

㊲请与子盟：意即当着神灵与你盟誓，立下一个契约。

㊳争：提出相反意见，即反对伐韩。

㊴息壤在彼：息壤之盟，还在那里放着。

㊵遂拔宜阳：事在秦武王三年（前308）。

㊶卒于周：在周国逞勇举鼎伤足而死。

【译文】

甘茂是下蔡人，曾跟着下蔡的史举先生学习诸子百家的著作。后来在张仪、樗里子引见下，见到了秦惠王。秦惠王很喜欢他，让甘茂做了将军，协助魏章一起平定了汉中地区。

惠王死后，武王即位，张仪、魏章相继离开秦国去了魏国。这时蜀侯煇和蜀相壮发动叛乱，秦武王便派甘茂前去稳定局势。事成之后，甘茂被任为左丞相，樗里子任右丞相。秦武王三年，秦王对甘茂说：“我什么时候能坐着车子到洛阳去转一圈，看看周国的光景，就是死我也能瞑目了。”甘茂说：“请让我去魏国，约他们一道伐韩。请您让向寿陪我一道去。”甘茂到达魏国后，就对向寿说：“您现在就回去对秦王说：‘魏国已经答应攻韩了，但是甘茂希望大王不要再发兵攻韩。’您就这样去说，将来事情办成后，功劳全归您。”向寿回到秦国，把甘茂的话转告给了秦王，秦王一听立即来到息壤，召甘茂来见。甘茂到息壤后，秦王问他为什么变卦，甘茂说：“我们要攻打的宜阳，是韩国的一座大县城，韩国的上党和南阳两个地区的各种战备物资长期以来都贮藏在那里。宜阳名义上是个县，实际上相当于一个郡。现在您想跨过许多险要的地段，千里跋涉地去打它，那是很难的。当初曾参家在费县，鲁国有个和曾参同名的人杀了人，有人跑去对曾参的母亲说：‘你儿子杀人了。’曾参的母亲听了继续织布不止，根本不信。过了一会儿，又有一个人来对她说：‘你儿子杀人了。’她还是照常织布。过了一会儿，又有一个人来对她说：‘你儿子杀人了。’曾参的母亲一听就扔下梭子，翻墙就跑。凭着曾参的品行，凭着母亲对儿子的了解，三个人的谣言，就把曾参的母亲吓成那样。我的品行比不上曾参，大王对我的信任又比不上曾参母亲对她儿子的信任，而您身边怀疑我给我造谣言的人又绝不止三个，我怕您有朝一日也会像曾参母亲那样听信谣言怀疑我。再说，当初张仪为秦国西吞巴蜀，北占西河，南取上庸，当时所有的人主要的不是称赞张仪的功劳而是歌颂先王的英明。魏文侯派乐羊带兵攻打中山，三年后把中山灭掉。当乐羊胜利回朝论功行赏的时候，魏文侯给他拿出一箱子攻击毁谤他的书信。乐羊子感慨地说：‘魏国所以能灭中山不是我的功劳，而是全靠大王的大力支持呀！’我只不过是一个漂泊异乡的客人，如果樗里子和公孙奭这两个人抓住伐韩的事情对我诽谤攻击，您肯定会听信他们而改变主意，这样您就背叛了魏王，而我也将受到韩相公仲侈的怨恨。”秦王说：“我决不会听他们的话，我可以和你立下誓约。”就这样，秦王派甘茂领兵去攻打宜阳了。待至连续五个月还没有攻下时，樗里子与公孙奭果然出来阻拦了。秦武王召见甘茂，想叫他撤兵。甘茂说：“当初我们在息壤立下的誓辞不是还在那里放着吗？”秦王立即醒悟，说：“是的。”于是增派大兵，让甘茂猛攻宜阳。结果大获全胜，杀死韩军六万人，宜阳落入秦国之手。

秦武王终于踏上了周国的地面，实现了东游洛阳的愿望，遗憾的是他因举鼎伤脚而死在了周国的王城。

扩展阅读

甘茂亡秦①，且之齐②，出关遇苏子③，曰：“君闻夫江上之处女乎[4]？”苏子曰：“不闻。”曰：“夫江上之处女，有家贫而无烛者[5]，处女相与语[6]，欲去之[7]。家贫无烛者将去矣，谓处女曰：‘妾以无烛，故常先至，扫室布席。何爱余明之照四壁者幸以赐妾[8]，何妨于处女[9]？妾自以有益于处女[10]，何为去我？’处女相语以为然而留之。今臣不肖，弃逐于秦而出关[11]，愿为足下扫室布席[12]，幸无我逐也[13]。”苏子曰：“善。请重公于齐[14]。”乃西说秦王曰：“甘茂贤人，非恒士也[15]。其居秦累世重矣[16]，自崤塞至鬼谷[17]，地形险易尽知之[18]。彼若以齐约韩、魏，反以谋秦，是非秦之利也。”秦王曰：“然则奈何？”苏秦曰：“不如重其贽、厚其禄以迎之[19]。彼来则置之鬼谷[20]，终身勿出，天下何从图秦？”秦王曰：“善。”与之上卿，以相印迎之齐。甘茂辞不往。苏秦伪谓齐王曰[21]：“甘茂，贤人也。今秦与之上卿，以相印迎之，茂德王之赐[22]，故不往，愿为王臣。今王何以礼之？王若不留[23]，必不德王[24]。彼以甘茂之贤得擅用强秦之众，则难图也！”齐王曰：“善。”赐之上卿命而处之。

（《战国策·秦策一》）

【注释】

①亡秦：逃离秦国。

②且之齐：准备逃归齐国。之，去。

③出关：出了函谷关。　苏子：此处指苏秦，当时著名的纵横家。

④江上之处女：指那个江边一群女子结伴纺线的故事。

⑤无烛：买不起灯油蜡烛。

⑥处女相与语：几个家境富裕的女子彼此商量。

⑦欲去之：想把那个没钱买灯油的女子赶走。

⑧爱：吝啬。　余明：用不完的剩余光亮。

⑨何妨于处女：我借你们的一点余光，对你们有什么损害？

⑩有益于处女：指“常先至，扫室布席”等等。

⑪弃逐于秦而出关：被秦国抛弃而逃出关来。

⑫足下：谦指苏秦。

⑬幸无我逐：意即希望你能顺势拉我一把，不要把我赶开。

⑭重公于齐：提高你在齐国的分量。

⑮恒士：平常人、一般人。

⑯累世重：在秦国的几代君主驾前为大臣。

⑰崤塞：秦国东部的险要地带，在今河南三门峡东南。鬼谷：也称清水谷，秦国内地的险要之处，在今陕西三原西北。

⑱险易：险要与平坦。

⑲重其贽：用贵重的礼品。 厚其禄：用丰厚的俸禄。

⑳置之鬼谷：意即把他软禁起来。这只是一种说法，不是要加害甘茂。

㉑伪谓：故意地说。

㉒德王之赐：感谢您对他的恩德。

㉓不留：指不给甘茂加官进爵。

㉔不德王：不再留恋您，意即必然会返回秦国。

【译文】

甘茂从秦国逃出准备去齐国，在函谷关外遇到苏秦。甘茂问苏秦：“您听说过‘江边处女’的故事吗？”苏秦说：“没有。”甘茂说：“江边的几个姑娘晚上聚在一起纺线，其中有个穷人家的姑娘，没钱买灯油。其余几个富裕家庭的姑娘一起商量，想把这个穷人家的姑娘赶走。穷人家的姑娘临走时对几个富裕人家的姑娘说：‘我就因为没钱买灯油，所以每天都早早地来，给你们收拾屋子，摆好座位。你们为什么就吝啬那点用不着的照在四壁上的光亮，不让它也照着我呢？我借你们的一点余光，对你们有什么损害？我觉得我对你们有好处，你们何必赶我走呢？’几个富家姑娘一想也觉得有理，就把她留下了。如今我不才，被秦王逐出函谷关外，我愿意像那个穷家女子一样，帮你收拾屋子安排座位，希望你不要把我赶走。”苏秦说：“好。我会让你在齐国发达。”于是西入秦国对秦王说：“甘茂是个贤人，不是平庸之辈。他在秦国已经受几代秦王的重用，从崤山到鬼谷的山川地形他非常熟悉。他如果煽动齐国勾结韩、魏一起反秦，这对秦国是很不利的。”秦王说：“那怎么办呢？”苏秦说：“不如用厚礼、高官把他接回来。他要是真的来了，就把他软禁在鬼谷，一辈子不放他出来，那时其他国家还有什么法子再侵犯秦国呢？”秦王说：“好。”遂以上卿之爵、丞相之位往迎甘茂。甘茂推辞不回。苏秦转而又对齐王说：“甘茂是大能人，如今秦国以上卿之爵、丞相之位迎他回去，甘茂因为感谢您对他的恩德，故而推辞不回，愿意给您做臣子。您应该怎么对待他呢？您要是不用高爵高位留住他，他就可能回到秦国。凭着甘茂的本事，使用秦国的军事力量，那我们将很难办！”齐王说：“好。”于是封赐甘茂上卿的爵位。

点评

《甘茂为秦取宜阳》选自《史记》的《樗里子甘茂列传》。《樗里子甘茂列传》写了两位以智谋著称，为秦国的发展壮大做出贡献的人物。但二人相比，人们更同情甘茂，而对樗里子感到厌恶。樗里子是秦惠王之子，与秦武王和秦昭王是同父异母的兄弟，所以樗里子在秦惠王、秦武王、秦昭王三朝都身居显位，呼风唤雨。樗里子被称为“智囊”，但似乎举不出做过什么独当一面的出类拔萃的大事。甘茂是楚国人，不知缘何流浪到了秦国。甘茂为秦国做出的贡献至少有两大件：第一是为秦国平定了蜀国的叛乱，因而被秦武王任命为左丞相；第二就是选文集中描写的为秦国攻取了韩国的宜阳。攻宜阳的过程是非常艰难的，当五十天仍攻不下时，甘茂曾立誓说“明日鼓之而不可下，因以宜阳之郭为墓”，其全军将士所付出的牺牲可想而知。甘茂正是充分估计到了自己在主客观方面的不利条件，担心会因反对派的诋毁而失败，故而他首先必须得到秦武王的坚定支持，不能中途变卦。于是他运用智慧争取到了与秦武王在息壤的立誓定盟。君臣定盟，在中国历史上十分少有，这在秦汉以后是不可能想象的，但却是攻取宜阳获得成功的关键之处。我们不得不佩服甘茂的先见之明与谋事之巧，同时我们也不得不佩服秦武王的识人之明与任人之专。秦武王是秦国历史上有个性、有贡献的君主之一，遗憾的是只当了四年的君主。

甘茂为秦国立下了如此卓绝的战功，但他无法摆脱樗里子、公孙奭等贵族的谗毁，秦武王一死，甘茂无法再在秦国立足，只好逃到齐国。甘茂的智慧与口才在战国时期是天下闻名的，《战国策》记有他用寓言打动苏秦，借助苏秦的帮助，后半生在齐、秦两国都享受特别优待，其实这不过是人们的一种美好传说而已，甘茂始终未能再回到他曾为之效力、为之立功的秦国，最后凄凉地死在了魏国。甘茂无疑是一个令人感慨、令人同情的悲剧人物。

淳于髡巧谏齐威王

淳于髡者，齐之赘婿也。长不满七尺[①]，滑稽多辩，数使诸侯，未尝屈辱。齐威王之时喜隐[②]，好为淫乐长夜之饮，沉湎不治[③]，委政卿大夫。百官荒乱，诸侯并侵，国且危亡，在于旦暮，左右莫敢谏。淳于髡说之以隐曰："国中有大鸟，止王之庭[④]，三年不蜚又不鸣[⑤]，王知此鸟何也？"王曰："此鸟不飞则已，一飞冲天；不鸣则已，一鸣惊人。"于是乃朝诸县令长七十二人[⑥]，赏一人[⑦]，诛一人[⑧]，奋兵而出。诸侯振惊，皆还齐侵地。威行三十六年。语在《田完世家》中[⑨]。

威王八年，楚大发兵加齐[⑩]。齐王使淳于髡之赵请救兵[⑪]，赍金百斤[⑫]，车马十驷[⑬]。淳于髡仰天大笑，冠缨索绝[⑭]。王曰："先生少之乎？"髡曰："何敢！"王曰："笑岂有说乎？"髡曰："今者臣从东方来，见道傍有禳田者[⑮]，操一豚蹄，酒一盂，祝曰：'瓯窭满篝[⑯]，污邪满车[⑰]，五谷蕃熟[⑱]，穰穰满家[⑲]。'臣见其所持者狭而所欲者奢，故笑之。"于是齐威王乃益赍黄金千溢[⑳]，白璧十双，车马百驷。髡辞而行，至赵。赵王与之精兵十万，革车千乘[21]。楚闻之，夜引兵而去。

威王大说，置酒后宫，召髡赐之酒。问曰："先生能饮几何而醉？"对曰："臣饮一斗亦醉，一石亦醉。"威王曰："先生饮一斗而醉，恶能饮一石哉[22]！其说可得闻乎？"髡曰："赐酒大王之前，执法在傍，御史在后[23]，髡恐惧俯伏而饮，不过一斗径醉矣[24]。若亲有严客[25]，髡帣韝鞠䏳[26]，侍酒于前，时赐余沥[27]，奉觞上寿，数起[28]，饮不过二斗径醉矣。若朋友交游，久不相见，卒然相睹[29]，欢然道故，私情相语，饮可五六斗径醉矣。

若乃州闾之会[30]，男女杂坐，行酒稽留[31]，六博投壶[32]，相引为曹[33]，握手无罚，目眙不禁[34]，前有堕珥[35]，后有遗簪，髡窃乐此，饮可八斗而醉二参。日暮酒阑[36]，合尊促坐[37]，男女同席，履舄交错[38]，杯盘狼藉，堂上烛灭，主人留髡而送客[39]，罗襦襟解[40]，微闻芗泽[41]，当此之时，髡心最欢，能饮一石。故曰'酒极则乱，乐极则悲'，万事尽然，言'不可极，极之而衰'。"以讽谏焉。齐王曰："善。"乃罢长夜之饮，以髡为诸侯主客[42]。宗室置酒，髡尝在侧。

（《滑稽列传》）

【注释】

①七尺：周时之一尺约当今之六寸，七尺尚不到今之1.40米。

②齐威王：名因齐，战国时齐国最有作为的国君，前356—前320年在位。　　隐：打哑谜。

③沉湎：沉迷于酒色。　不治：不理政事。

④庭：厅堂前面的院落。

⑤蜚：通"飞"。

⑥朝诸县令长：让其所属的各个县令、县长皆来朝见。万户以上为令，不足万户为长。

⑦赏一人：赏即墨县令，因此人治县有实效，由于不奉承齐王左右的人，反而蒙受恶名。

⑧诛一人：诛阿县令，此人治县的成绩极坏，但由于能贿赂齐王左右的人，故而名声一向挺好。

⑨语在《田完世家》中：这些故事都记载在《史记》的《田敬仲完世家》里。

⑩楚：此时的楚国都城在郢，即今湖北江陵西北之纪南城。

⑪赵：战国以来的诸侯国，此时的赵国君主为赵肃侯，前349—

前326年在位，赵国的都城邯郸，即今河北邯郸。

⑫赍：携带。

⑬十驷：犹言十辆，古代一车四马谓之一驷。

⑭冠缨索绝：由于张嘴大笑，把系在下颏底下的帽带都给迸断了。冠缨，帽带。索，尽，完全。

⑮禳（ráng）田：祭祀以祈求农事无灾害。禳，祭祀以驱除不祥。

⑯瓯窭（ōu lóu）：高地。　篝：筐笼之类。高坡贫瘠之地，尚求收得装满筐笼。

⑰污邪：低洼易涝之地。

⑱蕃熟：繁茂，成熟。

⑲穰穰（ráng）：众多的样子。

⑳溢：通“镒”，一镒为二十四两。

㉑革车：战车。

㉒恶能：如何能够。恶，也写作“乌”，如何。

㉓御史：执掌纠察、弹劾的官员。

㉔径：直，这里的意思如同“即”“就”，顺承连词。

㉕亲：指父母。　严客：尊贵庄严的客人。

㉖帣韝（juàn gōu）：挽起衣袖，戴上皮套袖。帣，同“卷”。韝，套袖。　鞠䠜（jū jì）：弯腰下跪地给客人斟酒。䠜，同“跽”，长跪。

㉗余沥：剩酒，这里是谦词。沥，水滴。

㉘奉觞：捧杯，举杯。觞，酒杯。　数起：屡次地站起来，走上前去。

㉙卒然相睹：突然见面。卒，通“猝”，突然。

㉚州闾之会：指乡里之间的不拘仪法的饮宴。州闾，义同“州里”“闾里”“邻里”，古代最基层的编制单位。

㉛行酒稽留：指长时间的饮宴。行酒，依次敬酒。稽留，逗留。

㉜六博投壶：古代的两种游戏。六博，亦称博陆。投壶，在一

定距离外，把箭投入瓶状的壶中。

㉝相引为曹：自相聚伙。曹，伙，辈。

㉞目眙（chì）不禁：指男女之间可以任意调情。眙，直视。

㉟堕珥：掉下来的耳饰。珥，妇女耳上的饰物。

㊱酒阑：酒宴临近结束，有些客人已经退席离去。阑，尽。

㊲合尊：犹言“并桌”，把剩余的酒、菜归并在一张桌上。尊，同“樽”，酒器。　促坐：剩下没走的人都靠近坐在一起。

㊳履舄（xí）交错：男人女人的鞋子错杂地放在一起。履，鞋子。舄，木底鞋。古人上堂必须脱鞋，故男女“促坐”时便有所谓“履舄交错”了。

㊴主人留髡而送客：意谓主人出去送客，只剩下淳于髡一人和妇女们在一起。

㊵罗襦（rú）：薄纱制作的短上衣。襦，短衣。

㊶芗泽：女人身上散出的香气。芗，通“香”。

㊷诸侯主客：官名，即后世的“典客”“大鸿胪”，职掌接待别国前来的宾客、使节等。

【译文】

淳于髡是齐国的一个上门女婿，身高不足七尺，滑稽幽默，很有口才，多次为齐国出使诸侯国，从来没有给国家丢过脸。齐威王喜欢听隐语。当时他正夜以继日地沉溺于酒色之中，把国家政事都交给卿大夫们去处理，结果百官们胡作非为，诸侯各国都趁机来攻打，齐国的危亡就在眼前了，但齐王身边的人都不敢解劝。这时淳于髡就用隐语对齐威王说：“有一只大鸟，落在大王的院子里，已经三年了，不飞也不叫，大王您知道这鸟是怎么回事吗？”齐威王说：“这只鸟不飞便罢，一飞冲天；不鸣便罢，一鸣惊人。”说完之后，立刻召集齐国境内各县的县令、县长七十二人都来开会，会上奖励了一个人，杀掉了一个人，接着又发兵出战，吓得各诸侯国都赶快把侵占的土地归还齐国。从此齐威王称霸三十六年，详情记在

《田完世家》中。

齐威王八年，楚国派大军攻打齐国。齐王派淳于髡去赵国请求援兵，让他带着黄金百两、马车十辆作礼物。淳于髡一看哈哈大笑，以至于笑得把系帽的带子都挣断了。齐王说："先生是嫌礼物少吗？"淳于髡说："怎敢嫌少。"齐王说："那你为什么笑呢？"淳于髡说："刚才我从东面来时，看见路边有个农民在那里祭神以祈求丰收，他左手拿着一只猪蹄，右手举着一杯酒，祝祷说：'请保佑我高坡地的收成装满大小萝筐，低洼地的收成用车装；五谷丰登，粮食满仓。'我看他拿出来的祭品少得可怜，但想得到的东西却不少哪！所以我笑他。"齐威王听罢大悟，于是把献给赵国的礼物增添到黄金千镒、白璧十对、车马百辆。淳于髡辞别威王，到了赵国。赵王很快为淳于髡派出了精兵十万，战车千辆。楚军听到这个消息，当夜就撤兵回去了。

齐威王很高兴，在后宫摆设酒宴，请淳于髡喝酒。齐王问他："先生能喝多少酒才醉？"淳于髡回答说："我喝一斗也醉，喝一石也醉。"齐王说："先生喝一斗就醉了，怎么能喝一石呢？其中的道理能说出来听听吗？"淳于髡说："比如让我在大王面前喝酒，执法的官员在旁边盯着，负责监察的御史在背后看着，我战战兢兢地跪在地上喝，这样用不了一斗就醉了。再比如家里的长辈来了客人，让我卷着袖子，打拱作揖地在席前侍候，我不时地给客人敬酒，客人也不时地赏给我点酒吃，这样，用不了二斗我也就醉了。如果老朋友许久不见，突然相逢，高兴地讲讲过去的事情，好好地说说知心话，这样大概就能喝到五六斗。如果是乡里间聚会，男男女女坐在一起，又完全没有时间限制，酒席上又可以猜拳行令、六博投壶，大家可以自己找对手，拉拉扯扯没关系，眉目传情也可以，以至于身前有女人掉下的耳环，背后有男人遗落的簪子，我喜欢这种场面。在这种情况下，我喝上八斗也顶多不过有二三分醉。如果再碰上天色已晚，酒席将散，大家把剩余的酒菜合并到一张桌子上，男男女女围坐在四周。鞋子混杂，杯盘散乱。再如果堂上的蜡烛已经烧完，主人又出去送客了，而单单留下我依然在座，这时女人们的衣衫半解半掩，我能够隐约闻到她们肌肤的香气，这个时候我的心中最乐，喝一石也毫无问题。所以说，酒喝多了就会出乱子，欢乐到极点就会转为悲哀。一切都是如此。什么事情都不能过分，过分了就会垮台。”淳于髡是想借着说酒来劝谏齐威王。齐威王心有所悟地说：“讲得好。”于是立刻改掉了彻夜纵酒的习惯，让淳于髡负责接待各国来往的使节。而且下令，从此以后齐国不论哪家贵族摆宴，都要请淳于髡在一旁节制监督。

扩展阅读

邹忌修八尺有余[①]，身体昳丽[②]。朝服衣冠，窥镜，谓其妻曰：“我孰与城北徐公美[③]？”其妻曰：“君美甚，徐公何能及君也！”城北徐公，齐国之美丽者也。忌不自信，而复问其妾曰：“吾孰与徐公美？”妾曰：“徐公何能及君也！”旦日客从外来[④]，与坐谈，问之客曰：“吾与徐公孰美？”客曰：“徐公不若君之美也。”明日，徐公来。孰视之[⑤]，自以为不如；窥镜而自视，又弗如远甚。暮，寝而思之，曰：吾妻之美我者[⑥]，私我也[⑦]；妾之美我者，畏我也；客之美我者，欲有求于我也。于是入朝见威王曰：“臣诚知不如徐公美，臣之妻私臣，臣之妾畏臣，臣之客欲有求于臣，皆以美于徐公。今齐地方千里[⑧]，百二十城，宫妇左右，莫不私王；朝廷之臣，莫不畏王；四境之内，莫不有求于王。由此观之，王之蔽甚矣[⑨]！”王曰：“善。”乃下令：“群臣吏民，能面刺寡人之过者[⑩]，受上赏；上书谏寡人者，受中赏；能谤议于市朝[⑪]，闻寡人之耳者，受下赏。”令初下，群臣进谏，门庭若市。数月之后，时时而间进。期年之后[⑫]，虽欲言，无可进者。燕、赵、韩、魏闻之，皆朝于齐。此所谓战胜于朝廷[⑬]。

（《战国策·齐策一》）

【注释】

①修：长，身高。

②昳（yì）丽：靓丽、漂亮。

③孰与……美：与……比较起来哪个更好看?

④旦日：天亮后。

⑤孰视：仔细观察。孰，通“熟”。

⑥美我：说我美。

⑦私我：爱我，对我有感情。

⑧方千里：纵横千里。

⑨王之蔽：大王所听到的假话，所受的蒙蔽。

⑩面刺：当面指出。

⑪谤议：批评、议论。　市朝：众人集聚的公共场所。

⑫期年：一周年。

⑬战胜于朝廷：即所谓“庙胜”，以不战而屈人之兵。

【译文】

邹忌身高八尺，体形健美。早晨他穿好衣服照镜子，问他的妻子：“我与城北徐先生比起来谁更好看？”他妻子说：“当然是你好看，徐先生怎能与你比？”城北的徐先生是当时齐国有名的美男子。邹忌不相信，转头问他的小妾：“我与徐先生比谁更好看？”小妾说：“徐先生怎能与您比？”等白天有客人来找邹忌，邹忌又问来客：“我与徐先生比谁更好看？”来客说：“徐先生不如您好看。”第二天，徐先生到邹忌家来了。邹忌仔细地观察徐先生，觉得自己还是不如徐先生；又拿过镜子仔细端详自己，越发地感到远远不如。夜里睡不着觉反复地想，忽然他明白了：我的妻子说我比徐先生好看，那是因为她爱我；小妾说我比徐先生好看，那是因为她怕我；来客说我比徐先生好看，那是因为他有求于我。于是他上朝对齐威王说：“我自己知道我不如徐先生长得好看，但由于我的妻子爱我，我的小妾怕我，我的客人有求于我，于是他们都认为我比徐先生长得好看。如今齐国的领土纵横千里，有城池一百二十座，后宫的女子人人爱您，朝廷的大臣人人怕您，境内的黎民百姓个个有求于您。由我的事例看来，您所受的蒙蔽太厉害了！”齐王说：“说得好。”于是下令：“吏民百姓，凡能当面指出我的过失的，受上赏；凡能上书指出我的过失的，受中赏；能在公众场合谈论我的过失，传到我的耳中的，受下赏。”命令刚下的时候，臣民前来进言，门庭拥挤不堪。过了几个月，来的人就隔三岔五了。到一年之后，即使有人想说也说不出什么来了。燕、赵、韩、魏各国听说齐国的情形，都敬畏地来齐国朝拜齐王。这就是通常所说的身在庙堂而赢得天下。

点评

《淳于髡巧谏齐威王》选自《史记》中的《滑稽列传》。《滑稽列传》写了淳于髡、优孟、优旃，这一个赘婿、两个倡优，而且他们都是侏儒，身份、地位极低，是《史记》中一篇典型的小人物传记。但司马迁不仅表彰了他们的美好心灵，而且也表彰了他们特有的才华，以及他们对社会、国家所作出的突出贡献。试以淳于髡而论，当面对强势无比，极端沉迷于酒色而不顾国家政事的齐威王，独有他能够挺身而出、提出劝谏，挽狂澜于既倒，这是一种何等的勇敢无畏？那些朝廷上的衮衮诸公们谁有淳于髡这样的责任心与紧迫感？淳于髡、优孟、优旃都有他们个人的特点，都有他们独特的绝活，在某种特定的情况下都做出了令人无法想象的奇事。司马迁在《史记》中对这一类人物的事迹大加张扬，其意义、其教育作用不言而喻。当然，《滑稽列传》所写的历史人物、历史故事大都是一些传说，其中的夸大与虚构是少不了的。淳于髡是古代的一位智者，一位善良正直同时又极其滑稽风趣的人物，就如同汉代的东方朔、明代的徐文长和新疆维族的阿凡提，人们把什么有趣的故事都往他们身上编，从而使之成为民众智慧的代表。而在这一系列滑稽人物中，淳于髡是第一个。同时，《滑稽列传》这种记录警语、罗列轶事的叙事方式，也给魏晋以后诸如《世说新语》一类的轶事小说开辟了道路，在文学发展史上具有开创性的意义。

此外，正是这位能够接受淳于髡与邹忌意见的齐威王，由于他大胆任用孙膑，在孙膑的帮助下连续在桂陵、马陵两次打败魏国，使魏国由战国初期的最强国突然崩塌，下降为二三流的小国，而使齐国一跃进入一流强国的行列。齐威王是战国时期最有作为的君主之一。

田单火牛阵破燕军

田单者，齐诸田疏属也[①]。湣王时[②]单为临菑市掾[③]，不见知。及燕使乐毅伐破齐[④]，齐湣王出奔，已而保莒城[⑤]。燕师长驱平齐，而田单走安平[⑥]，令其宗人尽断其车轴末而傅铁笼[⑦]。已而燕军攻安平，城坏，齐人走，争涂，以轊折车败[⑧]，为燕所虏，唯田单宗人以铁笼故得脱，东保即墨[⑨]。燕既尽降齐城，唯独莒、即墨不下。

燕军闻齐王在莒，并兵攻之。淖齿既杀湣王于莒[⑩]，因坚守，距燕军，数年不下。燕引兵东围即墨，即墨大夫[⑪]出与战，败死。城中相与推田单，曰："安平之战，田单宗人以铁笼得全，习兵。"立以为将军，以即墨距燕。

顷之，燕昭王卒[⑫]，惠王立[⑬]，与乐毅有隙[⑭]。田单闻之，乃纵反间于燕[⑮]，宣言曰："齐王已死，城之不拔者二耳。乐毅畏诛而不敢归，以伐齐为名，实欲连兵南面而王齐[⑯]。齐人未附，故且缓攻即墨以待其事。齐人所惧，唯恐他将之来，即墨残矣。"燕王以为然，使骑劫代乐毅[⑰]。

【注释】

①诸田疏属：齐王宗室中的远房子弟。当时齐国田姓的贵族甚多，所以称“诸田”。

②湣王：名地，宣王之子，前300—前284年在位。

③临菑市掾（yuàn）：齐国都城管理市场的小吏。掾，吏的统称。

④燕使乐毅伐破齐：事在燕昭王二十八年，齐湣王十七年（前284）。乐毅，燕国名将。

⑤莒城：即今山东莒县，当时为齐国南部的重要都邑。

⑥安平：齐邑名，在今山东临菑东北。

⑦傅铁笼：给车轴头包上铁箍。傅，包，裹。

⑧轊（wèi）折车败：由于撞断车轴而导致翻车。车轴头谓之轊。

⑨即墨：齐国东部的重要都邑，在今山东平度东南。

⑩淖（nào）齿：楚国将领，率军来救齐国者。　杀湣王于莒：淖齿率军入齐后，遂任齐湣王之相，齐都被乐毅攻破后齐湣王南逃到莒县，被淖齿所杀。

⑪即墨大夫：即墨城的行政长官，约当于后来的县令。

⑫燕昭王卒：事在齐襄王五年，燕昭王三十三年（前279）。燕昭王，名职，战国时期燕国最有作为的国君，前311—前279年在位。

⑬惠王：昭王之子，前278—前272年在位。

⑭与乐毅有隙：燕惠王早在为太子时，即与乐毅有矛盾。有隙，有裂痕，有矛盾。

⑮反间：用假情报迷惑敌人，以引起敌人内部分裂的间谍。

⑯连兵：谓与齐国即墨、莒城的守军联合。　南面而王齐：在齐国自己独立称王。

⑰骑劫：燕将名，姓骑名劫。

【译文】

田单是齐国田姓王室的远房亲族。齐湣王时，田单在首都临淄的市场上做小吏，没有人重视他。等到燕昭王派乐毅攻破齐国、占领临淄时，齐湣王逃出临淄退到莒城固守。燕军长驱直入，占据了齐国的许多城池，而田单家族也逃到了安平。这时田单让他们的族人都把车轴两头过长的部分锯掉，并在车轴的两头包上铁箍。不久燕军进攻安平，城被攻破，百姓们出城逃难时，许多人因为车轴过长，在拥挤抢道互相冲撞时挂碰得轴断车翻，成了燕军的俘虏。只有田单家族的人因为车轴截短且又包着铁箍从而脱离危险，一直逃到东边的即墨据城固守。后来燕军攻下了齐国所有的城池，只剩下莒和即墨两座孤城仍在坚守。

燕军听说齐湣王在莒城，就集中兵力进行攻打。这时楚国派了淖齿率兵援助齐国，淖齿杀了齐湣王，率领莒城的军民顽强坚守，一直坚守了好几年。燕军见攻莒城不下，便移兵东围即墨。即墨大夫出城应战，兵败被杀，这时城中军民一致推举田单领导大家守城，有人说："安平撤退时，田单的族人因为有田单教他们给车轴包铁箍从而脱险，说明田单懂得军事。"于是大家拥立田单做了将军，据守即墨，抵抗燕人。

过了不久，燕昭王逝世，燕惠王即位。燕惠王与乐毅早就有矛盾。田单听说此事，就派人到燕国施行反间计，他们散布谣言说："齐湣王已经死了，齐国没被攻下的只还有两座城池。现在乐毅是害怕回国被杀，所以故意留着两座城不攻，以便打着伐齐的旗号，长期留在齐国。他实际是想联合齐国的军事力量在齐国南面称王。因为现在齐国人还不顺从他，所以他才放慢进攻以等待时机。现在齐国人最怕的是燕王改派别的将领，如果别的将领一旦到来，即墨就要完蛋了。"燕王听着有理，于是就派骑劫代替了乐毅。

乐毅因归赵[1]，燕人士卒忿。而田单乃令城中人食必祭其先祖于庭[2]，飞鸟悉翔舞城中下食。燕人怪之。田单因宣言曰："神来下教我。"乃令城中人曰："当有神人为我师。"有一卒曰："臣可以为师乎？"因反走[3]。田单乃起，引还，东向坐[4]，师事之。卒曰："臣欺君，诚无能也。"田单曰："子勿言也！"因师之。每出约束，必称神师。乃宣言曰："吾唯惧燕军之劓所得齐卒[5]，置之前行，与我战，即墨败矣。"燕人闻之，如其言。城中人见齐诸降者尽劓，皆怒，坚守，唯恐见得[6]。单又纵反间曰："吾惧燕人掘吾城外冢墓，僇先人[7]，可为寒心。"燕军尽掘垄墓[8]，烧死人。即墨人从城上望见，皆涕泣，俱欲出战，怒自十倍。

田单知士卒之可用，乃身操版插[9]，与士卒分功，妻妾编于行伍之间，尽散饮食飨士[10]。令甲卒皆伏，使老弱女子乘城[11]，遣使约降于燕，燕军皆呼万岁。田单又收民金，得千溢[12]，令即墨富豪遗燕将[13]，曰："即墨即降[14]，愿无虏掠吾族家妻妾，令安堵[15]。"燕将大喜，许之。燕军由此益懈。

田单乃收城中得千余牛，为绛缯衣[16]，画以五彩龙文，束兵刃于其角，而灌脂束苇于尾，烧其端。凿城数十穴，夜纵牛，壮士五千人随其后。牛尾热，怒而奔燕军，燕军夜大惊。牛尾炬火光明炫耀，燕军视之皆龙文，所触尽死伤。五千人因衔枚击之[17]，而城中鼓噪从之[18]，老弱皆击铜器为声，声动天地。燕军大骇，败走。齐人遂夷杀其将骑劫[19]。燕军扰乱奔走，齐人追亡逐北[20]，所过城邑皆畔燕而归[21]。

田单兵日益多，乘胜，燕日败亡，卒至河上[22]，而齐七十余城皆复为齐。乃迎襄王于莒[23]，入临菑而听政[24]。襄王封田单，号曰安平君[25]。

（《田单列传》）

【注释】

①乐毅因归赵：乐毅知燕惠王素来恨自己，遂西降赵。

②庭：正房前面的院落。

③因反走：说完话随即转身向外走。

④引还，东向坐：谓田单将此小卒一把拉回，令其东向而坐。先秦两汉时的习惯，除官府、朝堂仍以南向为尊外，在一般场合皆以东向坐为上位。

⑤劓（yì）：割鼻。
⑥见得：被燕人所俘。
⑦僇：通“戮”，辱也。
⑧垄墓：即坟墓。垄，坟也。
⑨版插：建筑工具。版，筑墙时，用版夹土，以杵捣之。插，通“锸”，有如今之铁锹。
⑩飨士：犒赏士兵。
⑪乘城：登城。乘，登。
⑫千溢：一镒为二十四两，或曰二十两。溢，通“镒”。
⑬遗：送给。
⑭即：倘若。
⑮安堵：也作“按堵”，即安居。
⑯绛缯：红色丝绸。
⑰衔枚：枚的形状如同筷子，行军时衔在口中，以禁喧哗。
⑱鼓噪：众声呐喊。
⑲夷杀：犹言“斩杀”。夷，平也。
⑳追亡逐北：即乘胜追击。亡，逃跑。北，其义同“背”，即“败”。
㉑畔燕而归：脱离燕人，回归齐国。
㉒卒至河上：谓齐军一直追击到黄河边上。卒，终于，最后。河上，黄河边上，当时的黄河自河南西部流来，至濮阳北行，经今山东平原、德州，至今河北沧州东北之黄骅入海。今沧州、黄骅一带当时为齐国与燕国的分界线。
㉓襄王：名法章，湣王之子，前283—前265年在位。
㉔入临菑而听政：事在齐襄王五年（前279）。
㉕号曰安平君：因为田单的首次显露头角是在安平。

【译文】

乐毅被免职后逃到了赵国，燕国军民为乐毅被撤都感到气愤。这时田单又命令城中的百姓在吃饭前都必须先在院子里摆设饭菜祭祀祖先，这样就引来许多飞鸟在即墨上空盘旋，城外的燕国士兵看着觉得奇怪。这时田单又扬言说：“上天很快就会派神灵下界来帮助我们。”他对城中居民说：“将有神人下界来给我当老师。”这时有个小卒跟田单开玩笑说：“我可以当您的神师吗？”说完转身就走。田单赶紧跑过去，把那个小卒拉回来，按着他面向东坐下，给他行礼称他为神师。小卒说：“我是哄您玩的，我什么都不会。”田单说：“您不必多说！”于是便公开拜那个小卒为神师。从此田单每发布什么命令，总要说这是神师的旨意。接着田单又派人出城散布消息说：“我们最怕燕军削掉我们齐国俘虏的鼻子把他们放在队伍的前面来攻城，那样即墨就非完不可。”燕人信以为真，便削掉齐国俘虏的鼻子。即墨城中的军民一见齐国投降的人都被削掉鼻子，于是人人愤怒，无不决心坚守，生怕当了俘虏。田单接着又散布消息说：“我们最怕燕国人挖掘我们的祖坟，侮辱我们祖先的尸骨，如果那样，我们可就吓坏了。”燕人信以为真随即把即墨人的祖坟统统掘开，并把死人的骨头挖出来用火烧。即墨军民从城上望见这种情景都痛哭流涕，一个个怒火万丈，都要求出城同燕军决一死战。

田单知道士兵们能够听从指挥了，于是又亲自手持锹镐与士兵们一道修筑防御工事，还把自己的妻妾也都编入军队里服役，把家里所有可吃的东西都拿出来犒劳士兵。然后又命令精锐部队都隐蔽起来，而专门让一些老弱和妇女们站到城上以麻痹敌人。而后又派人到燕军去请求投降，燕军见此情景，都欢呼万岁。田单又从百姓们手中搜集起黄金千镒，让城中的一个富豪带着去送给燕国将领，并假意说：“即墨投降以后，请求你们不要虏掠我们家族的妻女，能让她们过安定日子。”燕国将领非常高兴，答应了齐人的请求。于是燕军的戒备越来越松懈。

这时田单便在城里搜集了一千多头牛，用红绸子给它们披挂起来，绸子上面都画着五彩的龙纹，牛角上绑着锋利的尖刀，把灌透油脂的芦苇扎在牛尾上，然后点火。田单命令士兵把城墙凿了几十道口子，乘黑夜把牛放了出去。他派了五千名精壮的士兵跟在后面。芦苇着火烧了牛尾，牛便狂奔怒吼地冲向城外的燕军，燕军在睡梦中被惊醒，只见一个个庞然大物尾巴上着着火，身上画着龙纹，碰着的人非死即伤。跟在牛后面的五千士兵口中衔枚一声不响地攻击燕军，城里的百姓一面敲打着一切可以发出声音的东西，一面齐声呐喊，声音震天动地。燕军惊惶失措，溃败逃走。齐人顺势杀掉了燕将骑劫。燕军的一切都乱了套，只顾鼠窜逃命。齐国人在后面穷追猛打，一路上所过的城池都纷纷背叛燕国而归顺了田单。

田单的军队日渐其多，乘胜追击，燕军则一天天溃退，最后田单追到了黄河岸边，齐国的七十多座城池都被收复了。随后田单便到莒城把齐襄王迎回了临淄，主持国政。齐襄王封赏田单，称田单为“安平君”。

扩展阅读

王孙贾年十五[①]，事闵王[②]。王出走[③]，失王之处[④]。其母曰：“女朝出而晚来[⑤]，则吾倚门而望；女暮出而不还，则吾倚闾而望[⑥]。女今事王，王出走，女不知其处，女尚何归！”王孙贾乃入市中，曰：“淖齿乱齐国[⑦]，杀闵王，欲与我诛者[⑧]，袒右[⑨]！”市人从者四百人，与之诛淖齿，刺而杀之。

（《战国策·齐策六》）

【注释】

①王孙贾：齐国国君的远房同族。

②事闵王：在齐湣王的身边做事。闵王，同“湣王”。

③王出走：指齐湣王被楚将淖齿所追逃，最后被抽筋而死。

④失王之处：找不到齐王的下落。

⑤女：同“汝”。

⑥倚闾：倚着里巷的门盼你回来。

⑦乱齐国：在我们齐国的朝廷上作乱。

⑧欲与我诛者：想和我一道讨伐这个乱臣贼子的人。

⑨袒右：挽起右臂的袖子。古人常以“袒右”或“袒左”，来表现誓死从事某事的决心。

【译文】

王孙贾十五岁，在齐湣王身边做事。当齐湣王兵败出逃的时候，王孙贾不知齐湣王到哪里去了，自己回到家里。他的母亲说：“你每天早上出门回来得稍晚一点，我就担心得倚门望你归来；你要是晚上出去不回来，我就倚着巷门望你归来。你如今事奉齐王，齐王出走，你居然不知他到哪里去了，你一个人回来做什么？”王孙贾于是来到市集，大呼说：“楚国的乱贼淖齿在我国作乱，杀害了齐王，谁想和我一道去讨伐这个乱贼，请露出右臂。”市集上有四百人挺身而出，跟着王孙贾找到淖齿，把淖齿杀掉了。

点 评

《田单火牛阵破燕军》选自《史记》的《田单列传》。《田单列传》记叙了田单巧用计谋，出奇制胜，大破燕军于即墨，并乘势恢复齐国国土的全过程，歌颂了田单的非凡智慧与其卓越的历史功勋。

齐湣王原是一个骄奢残暴的君主，他的好战遭到了齐国国内人民和其他各国的一致反对，因此，在乐毅率领的五国之兵的打击下迅速土崩瓦解，而齐湣王也被淖齿所杀。但是燕军占领齐国后，其侵略本性立刻暴露无遗，他们劓战俘、掘坟墓，把掠夺的大批珍宝器物运回燕国。这种种倒行逆施，激起了齐国人民的强烈憎恨，莒与即墨的坚守不下，布衣王蠋的不屈而死，就是当时齐国人民反抗精神的集中表现。与此同时，燕国国内、燕国与其他各国的矛盾也一齐爆发。正是在这种背景下，才使田单有可能大展奇才，而一举击败燕军，重建齐国。即墨之战是我国古代的一场光辉的人民战争，司马迁具体地写出了它之所以能够获得胜利的各个方面，表现了他重视人民力量的进步历史观。作品如实记述了田单假托鬼神，以"神道设教"的手段组织民众，鼓舞士气，同时也迷惑、恫吓敌人的过程。司马迁把这些活动具体写出，主要是为了歌颂田单的聪明才智，但在客观上却有揭破迷信，向人们进行朴素唯物主义宣传的作用。这些描写，在天人感应、鬼神迷信盛行的汉代，更有祛除迷信、解放思想的意义。

淖齿是奉楚王之命率兵来救齐国的，他却趁火打劫地杀了齐湣王想自己在齐国称王。十五岁的王孙贾振臂一呼，应者四百人，就这样诛灭了乱臣贼子。事情虽不可信，但却明白无误地表现了齐国的一种正义力量。

鸡鸣狗盗救孟尝

孟尝君在薛[①]，招致诸侯宾客及亡人有罪者，皆归孟尝君。孟尝君舍业厚遇之[②]，以故倾天下之士[③]。食客数千人，无贵贱一与文等。……士以此多归孟尝君。孟尝君客无所择，皆善遇之，人人各自以为孟尝君亲己。

秦昭王闻其贤[④]，乃先使泾阳君为质于齐[⑤]，以求见孟尝君[⑥]。孟尝君将入秦，宾客莫欲其行，谏，不听。苏代谓曰[⑦]：“今旦代从外来，见木禺人与土禺人相与语[⑧]。木禺人曰：‘天雨，子将败矣[⑨]。’土禺人曰：‘我生于土，败则归土。今天雨，流子而行[⑩]，未知所止息也。’今秦，虎狼之国也，而君欲往，如有不得还，君得无为土禺人所笑乎？”孟尝君乃止。

齐湣王二十五年[⑪]，复卒使孟尝君入秦，昭王即以孟尝君为秦相。人或说秦昭王曰：“孟尝君贤，而又齐族也[⑫]，今相秦，必先齐而后秦，秦其危矣。”于是秦昭王乃止，囚孟尝君，谋欲杀之。孟尝君使人抵昭王幸姬求解[⑬]。幸姬曰：“妾愿得君狐白裘。”此时孟尝君有一狐白裘，直千金[⑭]，天下无双，入秦献之昭王，更无他裘。孟尝君患之，遍问客，莫能对。最下坐有能为狗盗者，曰："臣能得狐白裘。"乃夜为狗，以入秦宫臧中[15]，取所献狐白裘至，以献秦王幸姬。幸姬为言昭王，昭王释孟尝君。孟尝君得出，即驰去，更封传[16]，变名姓以出关。夜半至函谷关[17]。秦昭王后悔出孟尝君，求之已去，即使人驰传逐之[18]。孟尝君至关，关法鸡鸣而出客[19]，孟尝君恐追至，客之居下坐者有能为鸡鸣，而鸡齐鸣，遂发传出[20]。出如食顷，秦追果至关，已后孟尝君出[21]，乃还。始孟尝君列此二人于宾客，宾客尽羞之，及孟尝君有秦难，卒此二人拔之。自是之后，客皆服。

（《孟尝君列传》）

【注释】

①薛：齐邑名，在今山东滕州南。

②舍业：不惜花光家产。

③倾天下之士：意即使天下士皆来归己。倾，以天平为喻，己处一低，则他处之物皆倾向于己也。

④秦昭王：名则，惠文王之子、武王之弟，前306—前251年在位，是秦国最有作为的国君，为日后秦统一六国奠定了坚实基础。

⑤泾阳君：名市（fú），秦昭王之弟，因其封地在泾阳（今陕西泾阳西北），故称“泾阳君”。

⑥求见孟尝君：意即请孟尝君入秦。

⑦苏代：苏秦之兄，当时有名的纵横学家。

⑧木禺：同“木偶”。 土禺：同“土偶”，泥胎。

⑨败：烂，散解。

⑩流：被水冲着走。

⑪齐湣王二十五年：应作“齐湣王二年”，即秦昭王八年（前299）。

⑫齐族：齐国国王的宗族。孟尝君与齐湣王都是齐威王之孙。

⑬求解：求救。

⑭直千金：价值千金。直，通“值”。

⑮官臧（zàng）：官廷里的仓库。臧，通“藏”。

⑯更封传（zhuàn）：改换了通行证上的名字。封传，即今之通行证。古代也称“驿券”，也称“过所”。

⑰函谷关：秦国东境的关塞名，遗址在今河南灵宝之王垛村东。

⑱驰传（zhuàn）逐之：乘驿车飞速追赶。传，驿车。

⑲关法：守关的规定。

⑳发传：出示通行证。发，打开。

㉑已后孟尝君出：意即当追兵赶到函谷关时，孟尝君已经出关了。

【译文】

孟尝君在薛县的时候，招揽了许多来自各国的宾客以及各种犯罪逃亡的人。由于孟尝君舍得拿出家产来招待这些人，所以使天下各地的人都来归附他。在他家吃饭的人经常多达好几千，孟尝君对他们都一律平等，不分贵贱。……从此士人来投孟尝君的就更多了。由于孟尝君不分良劣，对所有宾客都好好接待，所以每个被接待的人，都认为孟尝君对他特别好。

秦昭王听说孟尝君有才干，就先派自己的弟弟泾阳君到齐国当人质，想以此换得孟尝君到秦国去。孟尝君果然动心要去，他身边的那些宾客纷纷拦阻，劝他不要去，孟尝君执意不听。这时苏代过来对他说："今天早上我从外面回来，听到了一个木偶和一个泥胎说话。木偶对泥胎说：'天快下雨了，天一下雨你就得被雨水冲成烂泥。'泥胎对木偶说：'我是泥做的，冲成烂泥还是回到泥里。可是天一下雨，你就要被雨水冲着不知被冲到哪里去了。'如今的秦国，像虎狼一样凶狠，您还非要到他们那里去，万一您回不来，岂不落得被泥胎讥笑的下场吗？"孟尝君一听，这才决定不去了。

齐湣王二十五年（应是齐湣王二年），齐国还是派孟尝君去了秦国，秦昭王一见，立即任命他做了秦国的宰相。这时有人对秦昭王说："孟尝君有才干，又是齐王的本家，今天您让他当秦国的宰相，肯定他是先为齐国打算然后才为秦国打算的，这样一来，秦国就有危险了。"秦昭王一听就改变了主意，把孟尝君关了起来准备杀他。孟尝君只好派人向秦昭王的一个宠姬求救。这个宠姬说："我希望得到您那件白狐皮大衣。"当时孟尝君的确有一件价值千金、天下无双的白狐皮大衣，可是他一到秦国就把它送给了秦昭王，现在再没有第二件。孟尝君为此事很着急，他问遍了身边的宾客，没有一个能想出办法。这时一个坐在最下位的专会偷鸡摸狗的宾客出来说："我有办法弄到白狐皮大衣。"于是他在夜里像狗一样地钻进了秦国宫中的仓库，偷回了孟尝君送给秦昭王的那件皮大衣，让孟尝君又把它送给了秦昭王的宠姬。这样，宠姬在秦昭王面前替孟尝君一说好话，秦昭王就把孟尝君放了。孟尝君一被释放，就赶紧逃走，他们伪造了通行证，改名换姓，准备混出关去。结果半夜时他们就来到了函谷关。这时秦昭王已经后悔放孟尝君走了，当他再派人去找，发现孟尝君已经走了，他马上又派人乘驿车追赶。孟尝君来到函谷关下，按照守关的规定，要等鸡叫才能开门放行。孟尝君正害怕后面的追兵就要到来，这时他的下等客人中有一个会学鸡叫的，他这么学着鸡一叫，顿时周围的鸡都跟着叫了起来，城门大开，孟尝君等交验了通行证，而后就被放出关去了。等他们出关后大约一顿饭的工夫，秦昭王派的人果然追到了关下，但为时已晚，来人只好空手回去了。当初孟尝君收留这两个鸡鸣狗盗的客人时，其他宾客都觉得和他们在一起是一种耻辱，等到孟尝君这次在秦国遇到了危险，全是靠着这两个人助他过了难关，这以后，宾客们才都对他们服气了。

扩展阅读

靖郭君将城薛[①]，客多以谏，靖郭君谓谒者[②]："无为客通[③]！"齐人有请曰："臣请三言而已矣[④]，益一言[⑤]，臣请烹。"靖郭君因见之。客趋而进曰[⑥]："海大鱼。"因反走。君曰："客有于此[⑦]。"客曰："鄙臣不敢以死为戏。"君曰："亡[⑧]，更言之。"对曰："君不闻海大鱼乎？网不能止[⑨]，钩不能牵，荡而失水[⑩]，则蝼蚁得意焉[⑪]。今夫齐，亦君之水也。君长有齐阴[⑫]，奚以薛为[⑬]？无齐，虽隆薛之城到于天，犹之无益也。"君曰："善。"乃辍城薛。

（《战国策·齐策一》）

【注释】

①靖郭君：孟尝君之父，齐国贵族，封号靖郭君。

②谒者：为君主掌管信息传达的官员。

③无为客通：不要再为这种人向我通报。

④三言而已：只说三个字。

⑤益一言：多说一个字。

⑥趋：小步快走，这是臣子在君主面前走路的一种特定礼节。

⑦客有于此：你的话中还有话，意即你还没有说完。

⑧亡：无，没事，不再计较。

⑨网不能止：用网捕不上来。

⑩荡而失水：一旦光溜溜地离开水面。

⑪蝼蚁得意：连小蝼蛄、小蚂蚁都能任意欺侮你。

⑫有齐阴：有齐国的庇护、荫蔽。阴，同“荫”。

⑬奚以薛为：你为何特别在意你那个薛城呢？

【译文】

靖郭君要在自己的封地薛县筑城，许多人都劝阻他，靖郭君告诉负责传达的官员说：“不要再为这种人向我通报！”这时有个齐人请求说：“我只请求说三个字，如果多说一个字，请把我煮了。”靖郭君因而见了他。这个人恭恭敬敬地小步快走进来说：“海、大、鱼。”说完掉头就走。靖郭君说：“你的话还没说完。”这个人说：“我可不敢拿我的性命开玩笑。”靖郭君说：“没关系，你接着说。”这个人说：“您没听说过海里的大鱼吗？网拉不上来，钩钓不上来，可一旦它离开水面，那些小蝼蛄、小蚂蚁都可以来咬它。现在的齐国，就是您的水面。您有齐国庇护着，何必在您的封地薛上大动脑筋呢？如果没有齐国，您的薛城即使建得高入云霄，那也是救不了您的。”靖郭君说：“说得好。”随即停止修筑薛城。

点评

《鸡鸣狗盗救孟尝》选自《史记》的《孟尝君列传》。《孟尝君列传》主要写了孟尝君的养士，以及在士人协助下从事政治活动的情景，反映了战国后期齐国国内及齐国与其他各国之间复杂的矛盾斗争。作者对他笔下的孟尝君并不喜欢，他的一生都是在谋求私利，维护其个人的富贵尊荣。他为了个人利益，甚至不惜勾结外敌来攻打自己的国家。他的政治见解并不比朝秦暮楚的苏代之流更高明。他的养士，乃是一种豢养与被豢养、收买与被收买的关系。这些都与信陵君的养士用于国家形成鲜明对照。当然，这些人比那些落井下石、对落难的主子反戈一击的小人还是好得多，所以司马迁也欣赏他们。

选文中的鸡鸣狗盗之徒都是不能登大雅之堂的小人物，他们一向被人瞧不起，但这只说明他们地位低，不代表他们就一定没有能力、没有才干。他们在关键时刻发挥作用，往往令人刮目相看。即以本文所说的“鸡鸣狗盗”而论，如果没有这两人，再有十个孟尝君不也难逃秦国的虎狼之口吗？

蔺相如完璧归赵

廉颇者，赵之良将也。赵惠文王十六年[①]，廉颇为赵将伐齐，大破之，取阳晋[②]，拜为上卿[③]，以勇气闻于诸侯。蔺相如者，赵人也，为赵宦者令缪贤舍人[④]。

赵惠文王时，得楚和氏璧[⑤]。秦昭王闻之[⑥]，使人遗赵王书曰："愿以十五城请易璧[⑦]。"赵王与大将军廉颇诸大臣谋：欲予秦，秦城恐不可得，徒见欺[⑧]；欲勿予，即患秦兵之来。计未定，求人可使报秦者，未得。宦者令缪贤曰："臣舍人蔺相如可使。"王问："何以知之？"对曰："臣尝有罪，窃计欲亡走燕[⑨]，臣舍人相如止臣，曰：'君何以知燕王？'臣语曰：'臣尝从大王与燕王会境上，燕王私握臣手，曰愿结友。以此知之，故欲往。'相如谓臣曰：'夫赵强而燕弱，而君幸于赵王，故燕王欲结于君。今君乃亡赵走燕，燕畏赵，其势必不敢留君，而束君归赵矣。君不如肉袒伏斧质请罪[⑩]，则幸得脱矣。'臣从其计，大王亦幸赦臣。臣窃以为其人勇士，有智谋，宜可使。"于是王召见，问蔺相如曰："秦王以十五城请易寡人之璧，可予不？"相如曰："秦强而赵弱，不可不许。"王曰："取吾璧，不予我城，奈何？”相如曰：“秦以城求璧而赵不许，曲在赵。赵予璧而秦不予赵城，曲在秦。均之二策，宁许以负秦曲⑪。”王曰：“谁可使者？”相如曰：“王必无人，臣愿奉璧往使。城入赵而璧留秦；城不入，臣请完璧归赵。”赵王于是遂遣相如奉璧西入秦。

【注释】

①赵惠文王十六年：前283年。赵惠文王名何，武灵王之子，前298—前266年在位。

②阳晋：古邑名，在今山东菏泽西北。

③上卿：当时诸侯国大臣的最高爵位，其地位略同于丞相或大将军。

④宦者令：宦官的头领。　舍人：寄食于官僚贵族门下的人。

⑤和氏璧：古代著名的宝玉名，因是从楚人和氏所得的玉璞中理出，故称之“和氏璧”。

⑥秦昭王：名则，前306—前251年在位。秦国的都城咸阳，在今陕西咸阳东北。

⑦易：交换。

⑧徒见欺：白白地受欺骗。徒，空，白白地。

⑨亡走燕：向燕国潜逃。亡，潜逃。

⑩肉袒：袒衣而露胳膊。　斧质：刀斧和砧板，杀人的工具。

⑪宁许以负秦曲：意即豁出去受骗，叫秦国把理亏的“包袱”背起来。负，背，承担。

【译文】

廉颇是赵国的杰出将领。赵惠文王十六年，廉颇为赵国率兵伐齐，大破齐军，夺取了齐国的阳晋，回国后被封为上卿，凭着勇敢闻名天下。蔺相如也是赵国人，是赵国太监总管缪贤家的门客。

赵惠文王在位时，得到了一块楚国的和氏璧。秦昭王听说后，就派人给赵王送来一封信说："希望用秦国的十五座城来交换赵国的这块璧。"赵王和大将军廉颇等人商量：给秦国吧，怕得不到秦国的城，自己白白受骗；不给秦国吧，又怕秦国派兵来打，主意定不下来。于是就想找一个合适的人出使秦国，但找不到。这时太监总管缪贤说："可以让我那个门客蔺相如去。"赵王问："你怎么知道他行？"缪贤说："有一次我犯了罪，当时我曾想逃往燕国，我的门客蔺相如阻止我，问我：'您怎么知道燕王会收留您呢？'我说：'我有一次跟随大王和燕王在边境上会晤，燕王曾私下握着我的手说希望和我成为朋友。由此知道燕王会收留我，所以我打算去投他。'相如对我说：'当时赵国强大燕国弱小，而您又是赵王的红人，所以燕王才想和您拉关系。现在您是从赵国逃到燕国，燕国害怕赵国，在这种情况下肯定不敢收留您，而会立即把您捆起来送回赵国。您不如光着上身，背着斧子板子去向大王请罪，那倒说不定能够幸免。'于是我就依了他的主意，幸好大王也开恩免了我的罪。所以我认为蔺相如是勇士，有智谋，估计他可以完成任务。"赵王一听，立即召见蔺相如，问他："秦王想用十五座城来换我们的和氏璧，你看可不可以给他？"蔺相如说："秦国强大，赵国弱小，不给不行。"赵王说："如果秦王要走了我们的和氏璧，而不给我们城，那又怎么办？"蔺相如说："秦王用城来换我们的璧，如果我们不答应，是我们理亏，而如果我们给了他璧而他们不给我们城，那就是他们理亏了。两者相比，我们宁可答应他落个被骗，也要叫他们把理亏的包袱背起来。"赵王说："好，那谁可以去出使呢？"蔺相如说："大王如果找不到更合适的人，我可以带着璧前去。到那时他给我们城，我就给他们璧；他们不给我们城，我保证把和氏璧完好无损地带回来。"赵王一听，就派蔺相如带着和氏璧到秦国去了。

秦王坐章台见相如[1]，相如奉璧奏秦王[2]。秦王大喜，传以示美人及左右，左右皆呼万岁。相如视秦王无意偿赵城，乃前曰："璧有瑕[3]，请指示王[4]。"王授璧，相如因持璧，却立，倚柱，怒发上冲冠，谓秦王曰："大王欲得璧，使人发书至赵王，赵王悉召群臣议，皆曰'秦贪，负其强[5]，以空言求璧，偿城恐不可得'。议不欲予秦璧。臣以为布衣之交尚不相欺[6]，况大国乎！且以一璧之故逆强秦之欢，不可。于是赵王乃斋戒[7]五日，使臣奉璧，拜送书于庭[8]。何者？严大国之威以修敬也[9]。今臣至，大王见臣列观[10]，礼节甚倨[11]；得璧，传之美人，以戏弄臣。臣观大王无意偿赵王城邑，故臣复取璧。大王必欲急臣[12]，臣头今与璧俱碎于柱矣！"相如持其璧睨柱[13]，欲以击柱。秦王恐其破璧，乃辞谢固请，召有司案图[14]，指从此以往十五都予赵。相如度秦王特以诈详为予赵城[15]，实不可得，乃谓秦王曰："和氏璧，天下所共传宝也，赵王恐，不敢不献。赵王送璧时，斋戒五日，今大王亦宜斋戒五日，设九宾于廷[16]，臣乃敢上璧。"秦王度之，终不可强夺，遂许斋五日，舍相如广成传[17]。相如度秦王虽斋，决负约不偿城，乃使其从者衣褐[18]，怀其璧，从径道亡，归璧于赵。

秦王斋五日后，乃设九宾礼于廷，引赵使者蔺相如。相如至，谓秦王曰："秦自缪公以来二十余君[19]，未尝有坚明约束者也[20]。臣诚恐见欺于王而负赵[21]，故令人持璧归，间至赵矣[22]。且秦强而赵弱，大王遣一介之使至赵[23]，赵立奉璧来。今以秦之强而先割十五都予赵，赵岂敢留璧而得罪于大王乎？臣知欺大王之罪当诛，臣请就汤镬[24]，唯大王与群臣孰计议之[25]。”秦王与群臣相视而嘻[26]。左右或欲引相如去，秦王因曰：“今杀相如，终不能得璧也，而绝秦赵之欢，不如因而厚遇之，使归赵，赵王岂以一璧之故欺秦邪？”卒廷见相如[27]，毕礼而归之[28]。

相如既归，赵王以为贤，使不辱于诸侯，拜相如为上大夫[29]。秦亦不以城予赵，赵亦终不予秦璧。

（《廉颇蔺相如列传》）

【注释】

①章台：也叫章华台，秦离宫中的台观名，在当时咸阳城南的渭水之南。

②奉璧：两手捧璧，以言其恭敬。 奏：进呈。

③瑕：玉上的小斑点。玉以纯白为贵，有瑕即是缺陷。

④指示王：指其瑕给大王看。

⑤负其强：仗着其国力强盛。

⑥布衣之交：平民之间的买卖交易。

⑦斋戒：古人为对某事表示虔敬而做出的一种姿态，通常指沐浴、独居、吃素等。

⑧拜送书于庭："拜送"前应增"赵王"二字读。主语不是蔺相如。

⑨严：敬畏，用如动词。

⑩列观：一般的台观，与朝廷对比而言。

⑪倨：傲慢。

⑫急：逼迫。

⑬睨：斜视，瞥视。

⑭有司：负责该项事务的官吏。

⑮详：通"佯"，假装。

⑯设九宾于廷：犹言"具大礼"，详情不知。有人将"九宾"理解为"设九个傧相依次宣呼"，肯定不对。九个傧相依次宣呼乃炫耀帝王临朝之威严，非尊敬来客之礼。

⑰广成传（zhuàn）：秦国都城里的宾馆名。传，传舍，即今所谓宾馆、招待所。

⑱衣褐：身穿下层人所穿的小袄。褐，粗布小袄。

⑲秦自缪公以来二十余君：缪公，也作"穆公"，名任好，前659前—621年在位，是春秋时期秦国最有作为的国君。自秦穆公至秦昭王，共二十一代。

⑳坚明约束：信守条约。

㉑负赵：对不起赵国。

㉒间：间行，潜行。

㉓遣一介之使：让一个人来说一声。“一介之使”极言使者的身份之低和派出者所使用的礼数之简。

㉔汤镬（huò）：大开水锅，古代烹人的刑具。

㉕唯：表示祈请的发语词。　孰计议之：仔细地盘算盘算这件事。孰，通“熟”。

㉖相视而嘻：出人意料，相视惊讶的样子。

㉗廷见相如：重新在朝廷上接见了蔺相如。

㉘毕礼：按应有的礼数。

㉙上大夫：爵位名，是大夫中的最高一级，次于卿。

【译文】

秦王在章台接见蔺相如，蔺相如双手捧璧献给秦王。秦王很高兴，他看完之后，又传给他的美人以及左右亲信观看，大家都高呼万岁。蔺相如等了一会儿，看秦王没有给赵国城的意思，就上前去对秦王说：“璧上还有一个斑点，请让我指给您看。”秦王一听，就把璧递给蔺相如，蔺相如接过璧连退了几步，背靠着一根柱子，他怒发冲冠地对着秦王说：“您写信给我们赵王，想要我们的和氏璧，赵王召集大臣商量给不给，大家都说秦国贪婪，仗恃着自己强大，想用空话来骗我们的璧，秦王所说的十五城恐怕是绝对得不到的。大家都主张不给您。但我却觉得连平民百姓之间打交道都不能用欺骗手段，更何况是一个大国呢？再说因为一块小小的和氏璧闹得让一个大国不高兴，这不好。于是赵王先沐浴斋戒了五天，然后派我捧璧前来，临行时又亲自把我送到了院子里并向我行礼。为什么这样呢？不就是尊重你们是大国，向你们表示敬意吗？可是我到了秦国之后，您却只在一个偏殿接见我，礼节很傲慢；您接到和氏璧后，又传给一群女人看，故意耍弄我。我看您根本不打算给赵国城，所以我就想法把璧又要了回来。现在您要再逼我，我就连头带璧一块都撞碎在这根柱子上！”说着，他就举起璧来眼睛斜视着柱子，想往柱子上摔。秦王怕他真的把璧摔坏，于是连声表示歉意请他不要摔，并赶紧让有关官员拿出地图，秦王指着地图上的一片地区说，就从这里到这里划十五座城给赵国。但蔺相如明白秦王这只不过是做出一种样子，实际上他是不会给的。于是就对秦王说：“和氏璧是天下皆知的宝贝，由于赵王害怕秦国，才不敢不给您。赵王送我带和氏璧前来时，曾经斋戒五天，现在我请求大王也斋戒五天，然后在朝廷上设九宾之礼，那时我才可以把璧献给您。”秦王明白，这时要想硬夺绝对不行，于是只好答应也斋戒五天，并安排蔺相如在广成传舍住了下来。蔺相如心想秦王现在尽管答应斋戒，但最后他肯定背约，是不会给赵国城的，于是就派他的随从身穿粗布衣服，揣着和氏璧，抄小路，把璧送回了赵国。

秦王斋戒了五天后，举行隆重仪式，在大殿上设九宾之礼，而后使人带领着蔺相如进入大殿。相如进殿后，对秦王说：“秦国自缪公以来的二十多位君主，都没有坚定明确地遵守过盟约。我实在是怕被您所骗而辜负赵国，所以我已经派人带着和氏璧先走了，估计现在已经回到了赵国。秦国强大，赵国弱小，大王只要派一个小小的使臣到赵国，赵国立刻就会把璧送来。凭着你们如此强大，如果你们先把十五座城划给赵国，赵国敢不给您璧而故意得罪您吗？我知道我欺骗大王罪该万死，我现在甘愿下汤锅，请您和您的大臣们仔细考虑。”秦王和大臣们一听都惊得叫起来，武士们过来就想把蔺相如拉去行刑，倒是秦王明智地说：“现在即使杀了蔺相如，也得不到璧了，反倒损坏了秦国和赵国的关系，不如还是好好地接待他，让他回去，难道赵王还会因为一块和氏璧而欺骗我们秦国吗？”于是就在大殿上按照礼节接见了蔺相如，典礼结束后就让蔺相如回国了。

蔺相如回来后，赵王认为他表现出色，在出使秦国的过程中维护了国家的尊严，因而封蔺相如为上大夫。最终，秦国没有给赵国城，赵国也没有给秦国璧。

扩展阅读

楚人和氏得玉璞山中[①]，奉而献之厉王[②]。厉王使玉人相之[③]，玉人曰："石也。"王以和为诳[④]，而刖其左足[⑤]。及厉王薨，武王即位[⑥]，和又奉其璞而献之武王，武王使玉人相之，又曰"石也"。王又以和为诳，而刖其右足。武王薨，文王即位[⑦]，和乃抱其璞而哭于楚山之下[⑧]，三日三夜，泣尽而继之以血。王闻之，使人问其故，曰："天下之刖者多矣，子奚哭之悲也[⑨]"？和曰："吾非悲刖也，悲夫宝玉而题之以石[⑩]，贞士而名之以诳[⑪]，此吾所以悲也。"王乃使玉人理其璞而得宝焉，遂命曰"和氏之璧"。

（《韩非子·和氏》）

【注释】

①和氏：一个姓和的人。

②奉：捧。　厉王：《史记·楚世家》中无"厉王"其人，武王之前为楚君者名蚡冒，前757—前741年在位。

③玉人：鉴定玉石的专家。

④诳（kuáng）：说谎，骗人。

⑤刖（yuè）：断去小腿的刑罚。

⑥武王：春秋初期的楚国君主，前740—前690年在位。

⑦文王：春秋初期的楚国君主，前689—前677年在位。

⑧楚山：也称"荆山"，在今湖北南漳西部，当时属楚。

⑨奚：为何。

⑩题之以石：把它说成是石头。

⑪贞士：正直的人。

【译文】

楚国一个姓和的人从山中获得了一块玉璞，捧着去敬献给楚厉王。楚厉王让一个懂玉的专家来鉴定，这人说："是块石头。"楚厉王觉得姓和的是来骗他，下令断了他的左腿。楚厉王死后，楚武王即位，姓和的又捧着玉璞献给楚武王，楚武王又请来一位懂玉的专家做鉴定。这位专家又说"是块石头"。楚武王又认为姓和的是骗子，下令断去了他的右腿。楚武王死后，文王即位，姓和的抱着这块玉璞在楚山下面痛哭。哭了三天三夜，眼泪哭干了，直哭得眼里流血。楚文王听说后，派人去问他缘故，说："天下受过断足之刑的人多了，为什么唯有你哭得这么伤心呢？"姓和的说："我不是因为被断腿而痛哭，我是为这块宝玉被人说成是石头而悲伤，我一个老实人被说成是骗子，这才是我的悲哀。"楚文王就派玉工把这块玉璞剖开，果然从里边取出了宝玉，就定名为"和氏之璧"。

点评

《蔺相如完璧归赵》选自《史记》的《廉颇蔺相如列传》。《廉颇蔺相如列传》是廉颇、蔺相如、赵奢、李牧四个人的合传，因为这四个人都有才干，忠心耿耿，关系着赵国的兴亡，所以司马迁把他们写在一起。这篇作品既是廉颇、蔺相如、赵奢、李牧四人的英烈传，同时也可以看作是赵国的兴亡史，作者的感情浓烈，兴寄遥深。《蔺相如完璧归赵》写了蔺相如为解决赵国的难题而奋勇赴秦，通过有理有力的斗争，既保证了国宝的回归，又在强秦面前保证了赵国的国格与自己人格的无损。蔺相如有忠心、有勇气、有智慧、有口才的人物形象，与其故事的紧张生动、描写的细致入微、语言的极富个性化，都是当时著作中难以见到的，是《史记》写人艺术的代表作。"完璧归赵"是蔺相如第一次登上政治舞台的卓越表现，第二第三次的"渑池会"与"将相和"才是蔺相如性格的完成与最高的超越与升华。在本篇里还有个不起眼的小人物宦者令缪贤，他为了推荐蔺相如，为了能让赵王信服他的推荐，居然讲出自己曾想叛赵外逃的隐私，以佐证蔺相如的料事如神。宦者在古书中十之八九都是帝王身边的蠹虫，但本文中的缪贤却公而忘私，令人感叹。用这个人来给蔺相如做陪衬，也真是恰到好处。

赵奢解阏与之围

赵奢者[①]，赵之田部吏也[②]。收租税而平原君家不肯出租[③]，奢以法治之，杀平原君用事者九人[④]。平原君怒，将杀奢。奢因说曰："君于赵为贵公子，今纵君家而不奉公则法削[⑤]，法削则国弱，国弱则诸侯加兵，诸侯加兵是无赵也，君安得有此富乎？以君之贵，奉公如法则上下平[⑥]，上下平则国强，国强则赵固，而君为贵戚，岂轻于天下邪？"平原君以为贤，言之于王。王用之治国赋[⑦]，国赋大平，民富而府库实。

秦伐赵军于阏与[⑧]。王召廉颇而问曰："可救不？"对曰："道远险狭，难救。"又召乐乘而问焉[⑨]，乐乘对如廉颇言。又召问赵奢，奢对曰："其道远险狭，譬之犹两鼠斗于穴中，将勇者胜。"王乃令赵奢将，救之。

兵去邯郸三十里，而令军中曰："有以军事谏者死[⑩]。"秦军军武安西[⑪]，秦军鼓噪勒兵[⑫]，武安屋瓦尽振。军中候有一人言急救武安[⑬]，赵奢立斩之。坚壁，留二十八日不行，复益增垒[⑭]。秦间来入，赵奢善食而遣之[15]。间以报秦将，秦将大喜曰："夫去国[16]三十里而军不行，乃增垒，阏与非赵地也。"赵奢既已遣秦间，卷甲而趋之[17]，二日一夜至，令善射者去阏与五十里而军[18]。军垒成，秦人闻之，悉甲而至。军士许历请以军事谏[19]，赵奢曰："内之[20]。"许历曰："秦人不意赵师至此，其来气盛，将军必厚集其阵以待之。不然，必败。"赵奢曰："请受令[21]。"许历曰："请就铁质之诛[22]。"赵奢曰："胥后令[23]。"将战[24]，许历复请谏，曰："先据北山上者胜，后至者败。"赵奢许诺，即发万人趋之[25]。秦兵后至，争山不得上，赵奢纵兵击之，大破秦军。秦军解而走，遂解阏与之围而归。

（《廉颇蔺相如列传》）

【注释】

①赵奢：赵王的族人，不知为何代赵王之子。

②田部吏：征收田赋的官吏。

③平原君：赵胜，武灵王之子、惠文王之弟，时为赵相。“平原君”是其封号。

④用事者：管事人。

⑤纵：放任不管。

⑥上下平：举国上下都心平气和。

⑦治国赋：主管全国的赋税。

⑧秦伐赵军于阏（yù）与：事在赵惠文王二十九年、秦昭王三十七年（前270）。阏与，赵地名。通行本于此作“秦伐韩，军于阏与”字句与标点皆误，今改。

⑨乐乘：乐毅的族人，时为赵将。

⑩有以军事谏：谁敢对此次行动提不同意见。

⑪武安：赵县名，在今河北武安西南，赵都邯郸之西北。

⑫鼓噪勒兵：指操练军队，三军呐喊，以此向赵人示威。

⑬军中候：军中的一位候官。将军统率之兵分若干“部”，“部”的长官称校尉；“部”下分若干“曲”，“曲”的长官称“候”。又，军中主管刺探敌情的人员亦称作“军候”。

⑭复益增垒：越发增修营壁。垒，壁垒。

⑮善食（sì）：佯作不知，好好招待。

⑯去国：离开都城。

⑰卷甲而趋：脱下铠甲，卷持轻捷地奔袭敌人。

⑱去：距离。 军：扎下营盘。

⑲许历：一位受过轻微惩处的下级军官。

⑳内之：让他进来。内，通“纳”。

㉑请受令：愿意接受你的教导。

㉒请就铁质之诛：意即“愿接受你的惩罚”，应前文之“有以军事谏者死”。铁，通“斧”。质，砧板。

㉓胥后令：等以后再处理。胥，通“须”，等待。

㉔将战：临战之时。按，此处的“将战”二字，通行本作“邯郸”，且与上句连读，甚误，今据改。

㉕发万人趋之：派万人抢占北山。趋，奔赴。

【译文】

赵奢原是赵国的一个征收田赋的官吏。有一次他征收租税时，平原君的家里不肯交租，于是赵奢就按照国家法律一连杀了平原君家的九个管家。平原君大怒，要杀赵奢。赵奢对平原君说：“您是赵国的贵公子，要是对你们家的人放任不管，不按照国家的法令办事，那国家的法令就无法实行，国家的实力就要衰弱。而国家实力一旦衰落，那么各个国家就要来打我们，我们赵国就要完蛋，到那时你们家的富贵还保得住吗？如果反过来，像您这样地位高贵的人，能带头奉公守法，那么全国上下也就都会奉公守法，大家都奉公守法，那么国家就会变强大，国家一强大，赵王的地位也就安稳了，那时您作为赵王的亲属，难道还怕被人轻视吗？”平原君一听，觉得赵奢很能干，就把他推荐给赵王。赵王让赵奢主管全国的赋税，从此整个国家的赋税工作都搞得很好，百姓们都很富足，国家的仓库也充实起来。

后来，秦军进攻驻扎在阏与的赵军。赵王问大将廉颇：“我们能不能派兵往救？”廉颇说：“道又远，路又狭，难得援救。”赵王又问乐乘，乐乘的回答和廉颇一样。赵王又问赵奢，赵奢说：“道远路狭，在这种地方作战就如同两只老鼠在洞里打斗，哪一方的将领勇敢哪一方就能获胜。”于是赵王任命赵奢为统帅，率兵往救阏与。

赵军离开邯郸走了三十里就停了下来，赵奢对全军宣布说：“谁敢给将军乱出主意，谁就将被处死。”这时秦军已经到了武安城西，秦军列阵呐喊的声音之大，连武安城里屋顶上的瓦都随之震动。这时赵奢部下有一位军候劝赵奢赶紧出兵救援武安，赵奢马上把这位军候杀掉了。接着赵奢加固工事，一连在那里驻扎了二十八天，没有前进一步，而且还在继续加固工事。有一个秦国的奸细混进了赵奢军营，赵奢就故意地好好招待他并放他回去。这个奸细回去向秦将报告了情况后，秦将大喜，说："赵奢的军队刚离开邯郸三十里就不敢往前走了，只顾在那里加强工事，可以断定，阏与不会再属于赵国了。"赵奢打发走了秦国的奸细后，立刻命令全军把铠甲脱下来背着，急行军直奔阏与，结果只用了两天一夜就赶到了，赵奢派出一支善于射箭的队伍前进到离阏与五十里的地方扎营，营盘刚刚扎好，秦军就知道了，他们立即全军猛扑过来。这时赵奢手下一个名叫许历的军官出来请求发表一点有关作战的意见，赵奢说："让他进来。"许历说："秦军本来没料到赵军会这么快地到达这里，现在它全军扑来，气势凶猛，您应该集中力量坚守阵地，不然就会失败。"赵奢说："愿意接受你的意见。"许历说："那下面就该按军令杀了我啦！"赵奢说："此事以后再说。"到将要开战的时候，许历又进言："谁能够先占领北山谁就能获得胜利，谁迟到谁就要失败。"赵奢同意，马上派出了一万人去抢占北山。不一会儿，秦国的军队也来了，而这时北山已被赵军占领，秦国军队冲不上去，这时赵奢便下令对秦军猛烈攻击，秦军抵抗不住，只好撤兵。赵奢解除了阏与之围胜利而归。

扩展阅读

政举之日[①]，夷关折符[②]，无通其使，厉于庙堂之上[③]，以诛其事[④]。敌人开阖[⑤]，必亟入之[⑥]。先其所爱[⑦]，微与之期[⑧]。践墨随敌[⑨]，以决战事。是故始如处女，敌人开户；后如脱兔，敌不及拒。

（《孙子兵法·九地》）

【注释】

①政举：采取军事行动。

②夷关：封闭关塞。　折符：废除出入的证件。

③厉于庙堂：当政的君臣要在朝廷反复研究。厉，打磨。

④诛：要求。

⑤开阖：指出现漏洞。阖，门板。

⑥亟：疾，迅速。

⑦所爱：所关心，所重视。

⑧微：不要。　期：约定时间。

⑨践墨：不要墨守成规。践，通"刬（chǎn）"，除也。墨，墨守。

【译文】

当决定采取军事行动的时候，要封闭关塞、折毁符节，断绝使者来往；君主、大臣要在朝廷反复研究，以做好有关攻防的种种准备。当敌方一旦出现漏洞时，我军要立即发起攻击。要首先攻击敌方的要害之处，不要让敌方知道我方发动进攻的时间。不要墨守成规，要随着敌军的变化而采取相应措施。开始的时候要表现得像女孩子一样怯懦，使敌方松懈麻痹，营门大敞；而后要像脱笼的兔子一跃而出，使敌人来不及抵抗。

点　评

《赵奢解阏与之围》选自《史记》的《廉颇蔺相如列传》。选文表现了赵奢大公无私，为国公正执法；在秦军进攻阏与形势紧急的情况下，他挺身而出，其"道远险狭，将勇者胜"，提出了一条十分宝贵的军事原则。在与秦军接触时，他开始故作怯懦，又施用反间计以迷惑敌人，使敌人麻痹松懈；待一切布置停当，他突然卷甲疾趋，出敌不意地到达阏与城下。接着他又听从许历之谋，迅速占领北山，从而掌握了全局的主动，最后大获全胜，解除了阏与之围。这和《孙子兵法》所说的“始如处女，敌人开户；后如脱兔，敌不及拒”采用了同一谋略。

赵国的这次“阏与之捷”对战国后期的局势曾产生过重要影响，赵国自获得阏与之捷后，赵国的都城邯郸仿佛一跃成了合从谋秦的政治中心。李斯还痛切地说：“秦四世有胜，兵强海内，威行诸侯，独阏与战争为赵所败。”阏与之战后，秦军又发兵进攻赵国，廉颇率领赵军再次大败秦军，使秦军进攻东方六国的锋芒又一次受挫。赵惠文王时期，赵国依靠其强大的国力与廉颇、赵奢等著名将领，两次大败秦军，削弱了秦国进攻东方的锐气。《汉书·傅常郑甘陈段传》有所谓“赵有廉颇、马服（即赵奢），强秦不敢窥兵井陉”；《战国策·赵策三》也说赵国强大，“四十余年秦不能得其所欲”，这都充分表现了廉颇、赵奢等人对赵国的卓越贡献。

毛遂佐平原君使楚

秦之围邯郸[①]，赵使平原君求救[②]，合从于楚[③]，约与食客门下有勇力文武备具者二十人偕[④]。平原君曰："使文能取胜，则善矣。文不能取胜，则歃血于华屋之下[⑤]，必得定从而还[⑥]。士不外索，取于食客门下足矣。"得十九人，余无可取者，无以满二十人。门下有毛遂者，前，自赞于平原君曰[⑦]："遂闻君将合从于楚，约与食客门下二十人偕，不外索。今少一人，愿君即以遂备员而行矣[⑧]。"平原君曰："先生处胜之门下几年于此矣？"毛遂曰："三年于此矣。"平原君曰："夫贤士之处世也，譬若锥之处囊中，其末立见[⑨]。今先生处胜之门下三年于此矣，左右未有所称诵，胜未有所闻，是先生无所有也。先生不能，先生留。"毛遂曰："臣乃今日请处囊中耳。使遂蚤得处囊中[⑩]，乃颖脱而出[⑪]，非特其末见而已。"平原君竟与毛遂偕。十九人相与目笑之而未废也[⑫]。

毛遂比至楚[⑬]，与十九人论议，十九人皆服。平原君与楚合从[⑭]，言其利害，日出而言之，日中不决。十九人谓毛遂曰："先生上。"毛遂按剑历阶而上[15]，谓平原君曰："从之利害，两言而决耳。今日出而言从，日中不决，何也？"楚王谓平原君曰[16]："客何为者也？"平原君曰："是胜之舍人也[17]。"楚王叱曰："胡不下[18]！吾乃与而君言[19]，汝何为者也！"毛遂按剑而前曰："王之所以叱遂者，以楚国之众也。今十步之内，王不得恃楚国之众也，王之命悬于遂手。吾君在前，叱者何也？且遂闻汤以七十里之地王天下[20]，文王以百里之壤而臣诸侯[21]，岂其士卒众多哉，诚能据其势而奋其威。今楚地方五千里，持戟百万，此霸王之资也。以楚之强，天下弗能当[22]。白起[23]，小竖子耳[24]，率数万之众，兴师以与楚战，一战而举鄢郢[25]，再战而烧夷陵[26]，三战而辱王之先人。此百世之怨而赵之所羞，而王弗知恶焉。合从者为楚，非为赵也。吾君在前，叱者何也？"楚王曰："唯唯，诚若先生之言，谨奉社稷以从[27]。"毛遂曰："从定乎？"楚王曰："定矣。"毛遂谓楚王之左右曰："取鸡狗马之血来[28]。"毛遂奉铜槃而跪进之楚王曰[29]："王当歃血而定从，次者吾君，次者遂。"遂定从于殿上。毛遂左手持槃血而右手招十九人曰："公相与歃此血于堂下。公等录录[30]，所谓因人成事者也。"

平原君已定从而归，归至于赵，曰："胜不敢复相士[31]。胜相士多者千人，寡者百数，自以为不失天下之士[32]，今乃于毛先生而失之也。毛先生一至楚，而使赵重于九鼎大吕[33]。毛先生以三寸之舌，强于百万之师。胜不敢复相士。”遂以为上客。

（《平原君虞卿列传》）

【注释】

①秦之围邯郸：事在赵孝成王九年（前257）。三年前秦破赵军于长平，坑赵兵四十余万。次年秦兵继续进攻，遂围赵国都城邯郸。

②平原君：赵孝成王之叔，时为赵国之相。

③合从：指东方六国间的联合。从，同“纵”。

④偕：同，一道。

⑤则歃血于华屋之下：意即“则必以武歃血于华屋之下”。歃血（shà xuè），用嘴沾吮动物的血，这是古人盟誓的一种仪式。

⑥定从：订立盟约。

⑦自赞：自报，自荐。

⑧备员：犹言“充数”。

⑨其末立见：锥子尖立刻就会露出来。

⑩蚤：同“早”。

⑪颖脱而出：整个锥子头甚至连桯（tīng）子都得出来。颖，原指禾穗之芒，这里即指锥子尖。

⑫未废：未能阻止其行。

⑬比至楚：经从赵至楚的一路上。比，及，等到。

⑭与楚合从：此指与楚王谈判，讲说合纵抗秦的事情。

⑮历阶：一步一磴台阶。当时上台阶的礼节是每上一磴要并一下脚，然后再上第二磴。现因事情紧急，故毛遂不顾礼法历阶而上。

⑯楚王：指楚考烈王，名完，前262—前238年在位。此时楚国的都城在陈（今河南淮阳）。

⑰舍人：门客。

⑱胡不下：为何不滚下去。胡，何。

⑲而君：你的主子。

⑳汤：商朝的开国帝王。

㉑文王：姓姬名昌，周朝的开国帝王。灭殷的实为武王，但历史上常将文王、武王共称为周王朝的开创者。

㉒天下弗能当：意即应该是天下无敌。

㉓白起：此时秦国的名将。

㉔小竖子：意即“小奴才”。

㉕鄢郢：都曾是楚国都城。鄢在今湖北宜城东南。郢即今湖北江陵西北的纪南城。

㉖夷陵：楚邑名，在今湖北宜昌东南，这里有楚国先王的坟墓。

㉗谨奉社稷以从：犹言愿交出整个国家来听候你的使唤。

㉘鸡狗马之血：盟誓所用之牲，贵贱不同，天子用牛及马，诸侯用犬及猪，大夫以下用鸡。

㉙奉铜槃：捧着盛血的铜盘子。槃，同“盘”。

㉚录录：无所作为的样子。

㉛相士：观察与评定人才。

㉜不失：不会漏掉，不会看错。

㉝九鼎：据说是夏禹所铸的大鼎，经夏、商、周三代一直被奉为传国之宝。　大吕：周朝宗庙里的大钟。

【译文】

当秦国军队包围赵国都城邯郸的时候，赵王派平原君去楚国求救，和楚国建立共同抗秦的联盟。平原君想从自己的门客中挑选二十个文武兼备的人作为随员。他说："如果能用和平的方式完成任务当然是最好；万一和平的方式不行，也一定要用武力强迫楚王在朝廷上与我们签订盟约，总之一定要完成任务才能返回。这二十个随员用不着到别处去找，就从我们门下的宾客中挑选就行了。"结果只挑到了十九个，其余的都不行，没有办法凑满二十个。这时，有个叫毛遂的自己走出来对平原君说："我听说您要去和楚国订立盟约，想从您门下宾客中挑选二十个随员，不再向外面去找，而现在还缺一个。我希望您把我添在里头，正好二十个，咱就马上出发了。"平原君说："先生来我这里几年了？"毛遂说："三年了。"平原君说："凡有本事的人活在世上，那就好比一把锥子装在口袋里，锥子尖总是会立刻露出来。先生在我这里已经三年了，大家居然都没有对先生说过一句赞美的话，我也没有听说过先生有什么出类拔萃的表现，那说明先生实在没有什么本领。先生不能去，还是留在家吧。"毛遂说："我是今天才请求您把我这'锥子'装进口袋！如果您要是早把我装进口袋，那我必然会连整个锥子头都露出来，岂只是露出一个锥子尖呢！"平原君没法回答，只好也带上他一道出发了。其余的十九个人都用一种鄙夷的目光看着他笑，只是没有出声罢了。

等到毛遂一行人到达楚国，经过一路上毛遂与十九个人的不断谈论，他们对毛遂已经心服了。平原君与楚王谈判结盟的事情，平原君反复向楚王申说楚赵联盟的好处，从太阳刚出来就说，一直说到中午楚王还是没答应。这时那十九个人就对毛遂说："先生上！"于是毛遂就手按剑柄一步一级台阶地快速走上大殿，向平原君说："合纵抗秦的必要性两句话就能说清，今天从早上就开始说，到现在已经中午了，还定不下来，这是为什么？"楚王转脸问平原君："这个人是什么人？"平原君说："他是我的一个门客。"楚王呵斥道："你给我滚下去！我是在和你的主人说话，你来干什么！"这时毛遂手按剑柄跨前一步说："大王所以敢这么呵叱我，是仗恃着楚国人多。可是现在您在这十步之内，是倚靠不上楚国的人多的。您的性命就攥在我的手里。我的主人就在跟前，您怎么能这么不顾礼节地呵叱我呢？再说，当初商汤凭着七十里的地盘，就能灭掉夏桀统一天下；周文王凭着百数里的地盘，就能灭掉殷纣让普天下的诸侯们臣服，他们是靠着人多吗？他们都是由于能够准确地把握当时的形势，能不失时机地发挥他们的威力。现在楚国有五千里见方的地盘，有上百万的军队，这本来是可以成为霸主的资本。像楚国目前这种强大的形势，按理说它应该天下无敌。可谁知道就凭白起这么个小子，领着几万人来打楚国，居然第一次就攻下了鄢陵、郢都，第二次就烧毁了夷陵，第三次就让楚国的先王都受到了侮辱。这是一百辈子也报不完的仇，连我们赵国都为你们感到羞耻，可是您自己却不知道痛恨。联盟抗秦更主要的是为了你们楚国，而不是为了我们赵国。我的主人就在跟前，您呵叱我作什么？"楚王赶紧说："好，好，的确像你所说，我愿意带着我们整个国家和你们建立联盟。"毛遂说："您决定了吗？"楚王说："决定了。"毛遂立即招呼楚王左右的人说："赶紧拿鸡、狗、马的血来！"毛遂双手捧着盛着鸡、狗、马血的铜盘子，跪请楚王说："请大王第一个歃血，其次是我的主人，再次是我。"定盟的仪式就这样在大殿上进行了。而后毛遂左手托着铜盘子，右手招呼下面的那十九个人说："你们也都在下面歃血，算是参加订盟。你们这些人平平庸庸，也就是专门靠着别人吃现成饭的家伙！”

平原君完成了与楚国订盟的任务回到赵国，他对人们说：“我再也不敢说我能够识别人了。我识别过的人多者上千，少说也得有几百，我总以为我不会漏掉有本事的人，谁料想这回却漏掉了毛先生。毛先生一到楚国，使我们赵国的地位比九鼎、大吕都还要尊贵。毛先生的舌头比百万军队还要厉害。我再也不敢说我能识别人了。”从此毛遂就成了平原君门下的贵客。

扩展阅读

（定公十年）夏[①]，公会齐侯于祝其[②]，实夹谷。孔丘相[③]。犁弥言于齐侯曰[④]：“孔丘知礼而无勇，若使莱人以兵劫鲁侯[⑤]，必得志焉[⑥]。”齐侯从之。孔丘以公退[⑦]，曰：“士，兵之[⑧]！两君合好，而裔夷之俘以兵乱之[⑨]，非齐君所以命诸侯也[⑩]。裔不谋夏[⑪]，夷不乱华，俘不干盟[⑫]，兵不逼好。于神为不祥[⑬]，于德为愆义[⑭]，于人为失礼，君必不然[⑮]。”齐侯闻之，遽辟之[⑯]。将盟，齐人加于载书曰[⑰]：“齐师出竟，而不以甲车三百乘从我者[⑱]，有如此盟[⑲]。”孔丘使兹无还揖对曰[⑳]：“而不反我汶阳之田[㉑]，吾以共命者[㉒]，亦如之。”

（《左传·定公十年》）

【注释】

①定公十年：前500年。

②公会齐侯：鲁定公与齐景公两国首脑相会。　祝其：也就是夹谷，齐邑名，在今山东莱芜境内。

③孔丘相：孔子作为鲁定公的傧相，也就是礼宾司的长官。

④犁弥：齐景公的大臣。

⑤莱人：齐国境内的少数民族。　以兵劫鲁侯：让莱人在表演节目的时候，趁机劫持鲁定公。

⑥得志：得意、达到目的，指逼着鲁国向齐国割地等。

⑦孔丘以公退：意思是当莱人表演节目、乘机要劫持鲁定公的时候，早有戒备的孔子立刻保护鲁定公脱离险境，并下令鲁国卫队杀死那些野蛮的莱人。

⑧士，兵之：勇士们，杀死他们。兵，武器，这里用作动词。

⑨裔夷之俘：即指莱人。莱人是齐国境内的被征服者。

⑩非齐君所以命诸侯也：齐君要解决与别国诸侯的纠纷，不能靠这些人，不能用这种手段。

⑪裔不谋夏：边地的人不能侵扰中原的人。裔，边地。

⑫俘不干盟：俘指莱人，莱人曾被齐人所俘，他们无权干预两国诸侯的会盟。

⑬于神：从相信有鬼神的角度说。

⑭愆义：有损于义。

⑮君必不然：齐君是不会这么干的。这是给齐景公留面子的说法。

⑯遽辟之：赶紧命令莱人退下去了。

⑰加于载书：在盟书上写道。载书，告神的祷词。

⑱以甲车三百乘从我：这是齐国对鲁国的无理要求，写入盟书，企图让鲁国人照办。

⑲有如此盟：这是古人宣誓的一种用语，意即让某某作证。还有说“有如河水”“有如白日”等等。

⑳兹无还：鲁国大臣。

㉑不反我汶阳之田：指无礼的齐国。齐人侵占了鲁国的汶阳之地，至此会时仍未归还。

㉒共命：听从齐国命令。三句的意思是，你不归还我们汶阳之地，要想让我们顺从你，那是不可能的。这就成了双方宣誓，各说各的。

【译文】

鲁定公十年的夏天，鲁公与齐侯在祝其进行会晤。所谓“祝其”，实际就是夹谷。孔子以傧相的身份随同前去。齐臣犁弥对齐侯说：“孔子虽说知礼但缺乏勇气，如果让莱人表演节目时趁机劫持鲁公，我们就可以实现要求他割地的目的。”齐侯答应了。待至莱人准备动手时，早有准备的孔子一方面掩护鲁公撤退，一方面命令鲁国的卫兵说：“杀死他们！两国君主友好会晤，齐国的少数民族敢来舞刀弄枪，这不是齐国君主招待别国诸侯的规矩。边疆不能侵犯内地，蛮夷不能反华，俘虏不能干扰盟会，军士不能破坏友好。这样对神是不恭敬，对客人是失礼，这些人的行为决不是齐国君主所允许的。”齐侯一听，赶紧令这群莱人退下。等到双方签订盟约时，齐人无理地在誓词中增加内容说：“齐国军队出境讨伐，鲁君如不率兵车三百辆跟在后面，那就是违背盟约。”孔子让鲁臣兹无还也恭敬地补充说：“齐国如不归还我国的汶阳之田，我国要是还听他的指令，这也是违背盟约。”

点评

《毛遂佐平原君使楚》选自《史记》的《平原君虞卿列传》。作品表现了毛遂虽然身份不高，但在国难当头的时候，能够挺身而出，跟随平原君出使楚国。他有勇气、有才干，不仅折服了楚王，还争得楚国出兵，从而解除了邯郸之围。梁启超曾说：“毛遂一小蔺相如也，其智勇略似之，其德不逮，要亦人杰也矣。”毛遂是司马迁笔下的诸多“小人物”之一，其他如《平原君列传》中的李同，《魏公子列传》中的侯嬴、朱亥，《滑稽列传》中的淳于髡、优孟、优旃，以及《孟尝君列传》中的冯谖、鸡鸣狗盗之徒等等，这些人的身份虽然不高，但他们所具有的思想境界，他们的智慧才干以及在关键时刻所起的作用、所解决的问题，却往往是一些所谓的大人物所不能比及的。

说到平原君其人，此人有见识平庸的一面，但也有能以国家利益为重，顾全大局，不计个人与私家利益的优点。当赵奢为国征税，一连杀掉平原君的九个管家时，平原君觉悟后不但不记仇，而是推荐赵奢做了更大的官；当邯郸被围，李同向他提出捐献一切家财以供国用，把他的全家姬妾婢仆通通编入守城队列时，平原君立刻照办了；平原君开始不认识毛遂，后来一旦认识到了毛遂的作用，立刻公开道歉， 一片赤诚胸襟，千载之下令人叹赏。

魏公子窃符救赵

魏安釐王二十年[①]，秦昭王已破赵长平军[②]，又进兵围邯郸[③]。公子姊为赵惠文王弟平原君夫人[④]，数遗魏王及公子书，请救于魏。魏王使将军晋鄙将十万众救赵。秦王使使者告魏王曰："吾攻赵旦暮且下，而诸侯敢救者，已拔赵，必移兵先击之。"魏王恐，使人止晋鄙，留军壁邺[⑤]，名为救赵，实持两端以观望。平原君使者冠盖相属于魏[⑥]，让魏公子曰[⑦]："胜所以自附为婚姻者，以公子之高义，为能急人之困。今邯郸旦暮降秦而魏救不至，安在公子能急人之困也！且公子纵轻胜，弃之降秦，独不怜公子姊邪？"公子患之，数请魏王，及宾客辩士说王万端。魏王畏秦，终不听公子。公子自度终不能得之于王，计不独生而令赵亡[⑧]，乃请宾客，约车骑百余乘[⑨]，欲以客往赴秦军[⑩]，与赵俱死。

行过夷门[⑪]，见侯生，具告所以欲死秦军状。辞决而行[⑫]，侯生曰："公子勉之矣，老臣不能从。"公子行数里，心不快。曰："吾所以待侯生者备矣，天下莫不闻，今吾且死，而侯生曾无一言半辞送我，我岂有所失哉？”复引车还，问侯生。侯生笑曰：“臣固知公子之还也。”曰：“公子喜士，名闻天下。今有难，无他端而欲赴秦军⑬，譬若以肉投馁虎⑭，何功之有哉？尚安事客⑮？然公子遇臣厚，公子往而臣不送，以是知公子恨之复返也⑯。”公子再拜，因问。侯生乃屏人间语⑰，曰：“嬴闻晋鄙之兵符常在王卧内⑱，而如姬最幸，出入王卧内，力能窃之。嬴闻如姬父为人所杀，如姬资之三年⑲，自王以下欲求报其父仇⑳，莫能得。如姬为公子泣，公子使客斩其仇头，敬进如姬。如姬之欲为公子死，无所辞，顾未有路耳。公子诚一开口请如姬，如姬必许诺，则得虎符夺晋鄙军，北救赵而西却秦，此五霸之伐也㉑。”公子从其计，请如姬。如姬果盗晋鄙兵符与公子。

【注释】

①魏安釐（xì）王二十年：前257年。

②秦昭王：名则，前306—前251年在位。　破赵长平军：事在前260年，是役秦将白起大败赵将赵括，坑杀赵卒四十余万。

③进兵围邯郸：事在前259—前257年。

④赵惠文王：名何，武灵王之子，前298—前266年在位。　平原君：赵胜的封号，赵胜为赵惠文王之弟，时为赵相。

⑤留军壁邺：在邺县止军筑垒。邺，魏县名，在今河北临漳西南。

⑥冠盖相属：极言派出求救的使者之多，一批接一批，络绎不绝。冠盖，冠冕、车盖。属，连。

⑦让：责备。

⑧计：决心。

⑨约：拴，收拾。　百余乘：百余辆。古称一车四马为一乘。
⑩赴：冲入，扑向。
⑪夷门：大梁的东门，侯嬴当时在此守门。
⑫辞决：辞别。决，通“诀”。
⑬无他端：没有其他办法。端，头绪，办法。
⑭馁（něi）虎：饿虎。
⑮尚安事客：还要养客做什么。
⑯恨：憾，遗憾。
⑰屏人：支开众人。屏，同“摒”。　间语：私语。
⑱晋鄙之兵符：指存于魏王处的和晋鄙所持相同的另一半兵符。兵符，古代调兵所用的符信，一半为大将所持，一半存于君主处。国君有令，则命使者持符前往，以合符为信。
⑲资之三年：在心里存了三年。资，蓄积。
⑳自王以下：意即上至魏王，下至各色人等。
㉑五霸之伐：春秋五霸一样的功业。五霸指齐桓公、晋文公、楚庄王、吴王阖闾、越王勾践。伐，功业。

【译文】

魏安釐王二十年，秦昭王在长平大破赵军后，又进兵包围了赵国的都城邯郸。魏公子的姐姐是赵惠文王之弟平原君的夫人，平原君一连几次写信给魏王和魏公子，向魏国求救。开始时魏王也曾派出了将军晋鄙率兵十万前往救赵。但后来秦王派使者来威胁魏王说：“邯郸很快就要被我们攻下了，哪个国家胆敢救赵，等我们攻下邯郸后，就首先移兵打它。”魏王害怕，于是就派人让晋鄙把军队停在邺县，名义上是要救赵，实际上是观望形势，脚踩两只船。这时平原君告急的使者，一批批络绎不绝，平原君责备魏公子说：“我当初之所以和你结亲，就是看在你为人高尚，关键时刻能给人帮忙。如今邯郸很快就得投降秦国了，而魏国的救兵却迟迟不到，你所谓能够给人帮忙表现在哪儿呢！再说，即使你不把我看在眼里，可以让我去给秦国当奴隶，难道你就不可怜你的姐姐吗？”魏公子听了很焦急，他多次请求魏王，他周围的门客辩士们也千方百计地对魏王进行劝说。但魏王害怕秦国，始终不答应。魏公子估摸着怎么也说服不了魏王了，又不能眼看着赵国灭亡而自己独活，于是他就召集了他的宾客家丁等，凑了一百多辆车，准备率领他们去跟秦军拼命，和赵国共存亡。

临走时魏公子绕道夷门来见侯嬴，把自己如何准备去跟秦军拼命的想法向他说了一遍。说完就要走了，侯嬴说：“公子好自为之，我不能随您去啦。”魏公子走出了几里地后，心里不痛快，心想：“我对待侯嬴应该说是不错了，天下无人不知，可是今天轮到我去拼命，侯嬴竟连一言半语的好话都没有对我说，莫不是我有什么地方做得不对吗？”于是又率领着车马回来了。当魏公子再问侯嬴时，侯嬴笑着说：“我知道您会回来。”他说：“您喜欢招贤纳士，天下无人不知。可是今天您有难了，您不想别的办法，只顾自己去和秦军拼命，这就如同把肥肉扔给饿虎，那会有什么结果呢？既然如此，那平时还养客做什么？您待我是天高地厚，刚才您走而我不送您，我知道您心里会起疑问再回来的。”魏公子向侯嬴拜了两拜，接着向他请教办法。侯嬴支开了众人，和魏公子悄悄地说：“我听说晋鄙的兵符放在魏王的卧室里，魏王所宠幸的是如姬，她可以自由出入魏王的卧室，她可以把兵符偷出来。我听说如姬的父亲被人杀害，当初如姬含恨三年，到处找人替她报仇而找不到。最后如姬来向您哭诉，是您派人去把她仇人的人头取来交给了她。如姬想报答您的恩情，是死也不怕的，只是没有机会罢了。现在您只要一开口，如姬肯定答应，这样我们就可以拿到虎符，夺得晋鄙的兵权，而后率兵北救赵，西破秦，这不俨然是春秋五霸一样的功业吗？”魏公子接受了侯嬴的建议，请求如姬帮他盗取兵符，如姬果然把兵符给他偷了出来。

公子行，侯生曰："将在外，主令有所不受[1]，以便国家。公子即合符，而晋鄙不授公子兵而复请之，事必危矣。臣客屠者朱亥可与俱，此人力士。晋鄙听，大善；不听，可使击之。"于是公子泣。侯生曰："公子畏死邪？何泣也？"公子曰："晋鄙嚄唶宿将[2]，往恐不听，必当杀之，是以泣耳，岂畏死哉？"于是公子请朱亥。朱亥笑曰："臣乃市井鼓刀屠者，而公子亲数存之[3]，所以不报谢者，以为小礼无所用。今公子有急，此乃臣效命之秋也。"遂与公子俱。公子过谢侯生。侯生曰："臣宜从，老不能。请数公子行日，以至晋鄙军之日，北向自刭，以送公子[4]。"公子遂行。

至邺，矫魏王令代晋鄙[5]。晋鄙合符，疑之，举手视公子曰[6]："今吾拥十万之众，屯于境上，国之重任，今单车来代之[7]，何如哉？"欲无听。朱亥袖四十斤铁椎[8]，椎杀晋鄙，公子遂将晋鄙军。勒兵下令军中曰[9]："父子俱在军中，父归；兄弟俱在军中，兄归；独子无兄弟，归养。"得选兵八万人[10]，进兵击秦军。秦军解去，遂救邯郸，存赵。赵王及平原君自迎公子于界，平原君负韊矢为公子先引[11]。赵王再拜曰："自古贤人未有及公子者也。"当此之时，平原君不敢自比于人。公子与侯生决，至军，侯生果北向自刭。

（《魏公子列传》）

【注释】

①将在外，主令有所不受：《孙子·九变篇》有言：“将受命于君，合军聚众，君命有所不受。”

②嚄唶（huò zé）：声音雄武的样子，用以形容勇士的威猛。宿将：老将。

③存：恤问。

④北向自刭，以送公子：目的是以此坚定魏公子杀晋鄙夺兵权的决心。

⑤矫：假，假传。

⑥举手：表示一种紧张、急迫的样子。

⑦单车来代：凡国君在战场更换大将，都同时派两个人来，一个是前往下达诏书的特使，一个是前往接任的将军，而不是像魏公子这样自己前来。

⑧铁椎：即铁锤。

⑨勒兵：集合部队，宣布条令。勒，整饬、约束。

⑩选兵：犹言“精兵”，经过挑选的士兵。《廉颇蔺相如列传》还有所谓“选车”“选骑”，与此意同。

⑪负韊（lán）矢：替人背着箭囊在前引路，表示最大的感谢与最高的敬意。韊矢，装着箭的箭囊。韊，箭囊。

【译文】

魏公子拿到兵符，马上又要出发了，侯嬴说：“大将带兵在外，君主的命令有时可以不接受，只要对国家有利就行。您到晋鄙那里，即使兵符合上了，但如果晋鄙不把兵权交给您，他要是来个再请示，那可就危险了。我的朋友屠户朱亥可以跟您一起去，他是个大力士。到时候晋鄙听话便罢；如果不听话，就让朱亥当场把他杀掉。”魏公子一听这话，不由得落下了眼泪。侯嬴说：“公子是怕死吗？为什么哭呢？”魏公子说：“晋鄙是叱咤风云的老将，我怕到时候他不答应，那时我们就得杀掉他，所以我落了泪，哪里是因为我自己怕死呢？”于是魏公子就去邀请朱亥。朱亥一听，欣然答应，说：“我是集市上一个卖肉的，而公子竟能多次来光顾我，以前我之所以不回拜，那是由于我认为讲这些小礼节没有用处。如今公子有紧急需要，这正是我献身报效的时候。”于是跟着魏公子一同去了。魏公子最后来向侯嬴辞行，侯嬴说：“我也应该跟您一道去的，但由于年纪太大，去不了啦。我会计算着您的行程，当您到达晋鄙军营的那一天，我就向着北方自刎，以此来报答公子。”魏公子于是出发了。

魏公子到达邺城后，假传魏王命令要接管晋鄙的兵权。晋鄙与魏公子对证了兵符后，心存疑虑，他惶惑地举着手问魏公子说：“我领着十万大兵驻扎在边界上，这是国家重任。现在你就这么简单地来接替我，这究竟是怎么回事？”说着就想拒绝魏公子的命令。这时朱亥袖子里正藏着一只四十斤重的大铁椎，他冷不防一下子就结果了晋鄙的性命，于是魏公子夺取了晋鄙的兵权。接着魏公子集合部队下令说："父子两个都在军中的，父亲可以回去；兄弟两个都在军中的，兄长可以回去；独生子没有兄弟的，可以回去奉养父母。"这样整编后还剩下精兵八万人，于是前进攻击秦军。秦军被迫撤退，邯郸得以解围，赵国得以保全。赵王和平原君亲自到国境上迎接魏公子，平原君亲自替魏公子背着箭袋，在前头引路。赵王对公子拜了两拜，感激地说："自古以来的贤人没有一个比得上公子您。"到这时，平原君再也不敢和魏公子相比了。再说侯嬴，等魏公子走后，当他估计着魏公子到达晋鄙兵营的时候，果然向着北方自杀了。

扩展阅读

秦攻赵，平原君使人请救于魏，信陵君发兵至邯郸城下①，秦兵罢。虞卿为平原君请益地②，谓赵王曰："夫不斗一卒③，不顿一戟④，而解二国患者⑤，平原君之力也。用人之力而忘人之功，不可。"赵王曰："善。"将益之地。公孙龙闻之⑥，见平原君曰："君无覆军杀将之功⑦，而封以东武城⑧。赵国豪杰之士多在君之右⑨，而君为相国者⑩，以亲故。夫君封以东武城不让无功⑪，佩赵国相印不辞无能，一解国患欲求益地，是亲戚受封⑫，而国人计功也⑬。为君计者，不如勿受便。"平原君曰："谨受令。"乃不受封。

（《战国策·赵策三》）

【注释】

①信陵君：即魏公子，信陵君是他的封号。

②虞卿：当时著名的纵横家，当时在赵国。　益地：增加封地。

③不斗一卒：不用一兵一卒的战斗。

④不顿：不磨损。

⑤二国患：秦、赵两国的战争。

⑥公孙龙：当时著名的刑名学家。
⑦覆军杀将：灭敌之军，杀将之将。
⑧东武城：平原君的封地名，即今山东武城。
⑨右：意思同“上”。
⑩相国：职同丞相，但比丞相位尊而权专。
⑪不让：不推辞。
⑫亲戚受封：以亲戚的身份接受封赏。
⑬国人计功：以一个普通国民的身份计算功劳。

【译文】

秦军攻打赵国，平原君派人向魏国求救，魏公子信陵君率领大军来到邯郸城下，秦兵撤退。虞卿为平原君请求增加封地，对赵王说：“我们没用一兵一卒的战斗，没受一刀一枪的损失，赵、秦两国的战争就这么得以解除，这全是平原君的功劳。花了人家的力气而忘记人家的功劳，这是不可以的。”赵王说：“对。”于是准备给平原君增加封地。公孙龙听说此事，就去见平原君，对他说：“您当初并没有破军杀将的功劳，而赵王就把东武城封给了您。赵国的豪杰、有才干之人的才能不少都在您之上，可是您得以居相国之职，这都因为您是赵王的亲戚。您在接受东武城的封地时，并没有因为自己无功而推辞；你在接受相国的任命时，也没有因为自己无能而拒绝。今天您为赵国解除了一次危难，就要求增地，这就成了您既以亲戚的身份接受封赏，又以普通国民的身份来向国家计算功劳了。为您考虑，还是不接受为好。”平原君说：“愿意接受您的建议。”于是拒绝受封。

点评

《魏公子窃符救赵》选自《史记》的《魏公子列传》，记叙了魏公子不计个人得失，一切以国家利益为重的高尚品质。他知道这样的行动会让他得罪魏王，可能从此将流浪国外，难以回归。但由于救赵是出于“唇亡齿寒”的考虑，救赵也是救魏国自己，因此他断然采纳了侯嬴的建议。侯嬴原是一位隐士，老谋深算，由于魏公子礼贤下士，多次虚心往请，故而才投到了魏公子门下。而他从此也下定了忠于知己、愿为知己贡献一切的决心。在战国时期所有以养士闻名的人物中，魏公子的人品最高；在司马迁歌颂的士为知己者死的游士中，以侯嬴的人品为最高。他们都摆脱了个人的一般利益、一般恩怨，而是谘诹善道，以义相扶，共同保卫国家，以维护正义为终极归宿。魏公子与侯嬴之间的这种关系是司马迁理想的君臣关系。

以窃取兵符的办法夺取晋鄙的兵权是侯嬴早已想好了的，但为什么不及早说出，而非等魏公子心中困惑中途折回来的时候才说呢？孔子有所谓“不愤不启，不悱不发”，有了这一番周折，其建议的份量就大大不同了。且又关系着杀晋鄙、偷夺兄长魏王的十万大兵，这是何等的大事！不到万不得已，能够轻易说出么？侯嬴为什么要算着日子等魏公子到达晋鄙兵营的时候“北向自刭”呢？这是侯嬴担心魏公子心慈面软，担心他见到晋鄙时难以下手，从而坏事，故而以自己之死坚定魏公子的决心，切断魏公子的退路。

平原君在人们心目中比较平庸，但此人也有大公无私的一面，我们从《赵奢解阏与之围》与《毛遂佐平原君使楚》中已经看到了。而在所引的对公孙龙的提议从谏如流中，我们又看到了他的“见善思迁”。

需要注意的是，侯嬴为信陵君策划窃符夺晋鄙兵事，不见于《战国策》，亦不见于先秦的其他典籍，可能是大梁长老之逸闻，是司马迁首次将它写入史册。

李牧为赵破匈奴

李牧者，赵之北边良将也，常居代、雁门[1]，备匈奴[2]。以便宜置吏[3]，市租皆输入莫府[4]，为士卒费。日击数牛飨士[5]，习射骑，谨烽火，多间谍，厚遇战士。为约曰："匈奴即入盗，急入收保[6]，有敢捕虏者斩。"匈奴每入，烽火谨，辄入收保，不敢战。如是数岁，亦不亡失。然匈奴以李牧为怯，虽赵边兵亦以为吾将怯。赵王让李牧[7]，李牧如故。赵王怒，召之，使他人代将。

岁余，匈奴每来，出战。出战，数不利，失亡多，边不得田畜[8]。复请李牧。牧杜门不出[9]，固称疾。赵王乃复强起使将兵。牧曰："王必用臣，臣如前，乃敢奉令。"王许之。

李牧至，如故约。匈奴数岁无所得，终以为怯。边士日得赏赐而不用[10]，皆愿一战。于是乃具选车[11]，得千三百乘[12]，选骑得万三千匹，百金之士五万人[13]，彀者十万人[14]，悉勒习战[15]。大纵畜牧、人民满野[16]，匈奴小入[17]，详北不胜[18]，以数千人委之[19]。单于闻之[20]，大率众来入。李牧多为奇陈，张左右翼击之，大破杀匈奴十余万骑[21]。灭襜褴[22]，破东胡[23]，降林胡[24]，单于奔走[25]。

其后十余岁，匈奴不敢近赵边城。

赵悼襄王元年，廉颇既亡入魏[26]，赵使李牧攻燕，拔武遂、方城[27]。居二年，庞煖破燕军[28]，杀剧辛[29]。后七年[30]，秦破杀赵将扈辄于武遂[31]，斩首十万。赵乃以李牧为大将军[32]，击秦军于宜安[33]，大破秦军，走秦将桓齮[34]。封李牧为武安君[35]。居三年，秦攻番吾[36]，李牧击破秦军，南距韩、魏[37]。

赵王迁七年[38]，秦使王翦攻赵[39]，赵使李牧、司马尚御之。秦多与赵王宠臣郭开金[40]，为反间[41]，言李牧、司马尚欲反。赵王乃使赵葱及齐将颜聚代李牧[42]。李牧不受命，赵使人微捕得李牧[43]，斩之，废司马尚。后三月，王翦因急击赵，大破杀赵葱，虏赵王迁及其将颜聚，遂灭赵。

（《廉颇蔺相如列传》）

【注释】

①代、雁门：赵国北部的两个郡名。代郡在今大同以东的山西北部与河北的西北部地区。雁门郡在今大同以西的山西北部地区。

②匈奴：战国后期强大起来的北方少数民族，活动在今内蒙古与蒙古国南部一带。

③以便宜置吏：根据实际需要，任命属下的官员。这是一种须特许才能行使的权力。便宜，与固有的章程规定相对而言。

④市租：从军中市场和当地百姓市场上所收得之税。　莫府：同“幕府”，将军办公的篷帐，后用以代指将军的办事机构。

⑤飨士：犒赏士兵。

⑥急入收保：迅速退入工事，谨守城堡。

⑦赵王：指赵孝成王，前265—前245年在位。　让：责备。

⑧不得田畜：不能耕田、放牧。

⑨杜门：闭门。

⑩不用：不被用，不使之出城杀敌。

⑪具：安排，筹备。　选车：经过挑选的战车，指车的装备好，战士又勇敢。下文有“选骑”，与此义同。

⑫三百乘：即三百辆。古称一车四马为一乘。

⑬百金之士：曾获过百金之赏的勇士。

⑭彀（gòu）者：能拉硬弓的射手。彀，张满弓。

⑮悉勒习战：全部组织起来进行战斗训练。勒，部勒，组织。

⑯大纵畜牧、人民满野：把大批的牛羊、百姓赶到田野上去，以吸引敌人。

⑰匈奴小入：当匈奴的小部队试探性地入侵时。

⑱详北：假装失败。详，通“佯”。

⑲委：弃，扔给敌人。

⑳单于：匈奴族的首领，有如秦、汉时代的皇帝。

㉑十余万骑：骑兵十多万人。一人一马称一骑。

㉒襜褴（chān lán）：当时活动在代郡以北的少数民族。

㉓东胡：当时活动在今辽宁西部、内蒙古东部一带地区的少数民族。

㉔林胡：当时活动在今内蒙古东胜一带的少数民族。

㉕单于奔走：谓匈奴单于从此逃得远远的。

㉖廉颇既亡入魏：廉颇被赵王罢将，逃到魏国。

㉗武遂：燕县名，即今河北徐水西之遂城镇。　方城：燕县名，在今河北固安南。

㉘庞煖：赵将名。

㉙剧辛：原在赵国为将，后来逃至燕。见廉颇去，庞煖为将，攻之，结果燕军丧师二万，剧辛被杀。

㉚后七年：即赵王迁三年，秦王政十四年（前233）。

㉛扈（hù）辄：赵将名。　武遂：应作"武城"，在今河北磁县西南。

㉜大将军：国家的最高军事长官，但此时尚非固定官名。

㉝宜安：赵县名，在今河北藁（gǎo）城西南。

㉞走：打跑。

㉟武安君：封号名，诸侯国内的大领主。

㊱番吾：赵县名，在今河北平山县南。

㊲南距韩、魏：此时的韩、魏两国已是苟延残喘，接近灭亡。

㊳赵王迁七年：时当秦王政十八年（前229）。赵王迁是赵悼襄王之子，前235—前228年在位。

㊴王翦：秦国名将，协助秦始皇灭燕、灭赵、灭楚。

㊵郭开：赵王迁的宠臣，此人前已陷害廉颇，使廉颇遭弃置至死。

㊶为反间：帮着秦国在赵国君臣之间制造矛盾。

㊷赵葱：赵将名，赵王的族人。　齐将颜聚：原为齐将，后归赵国。

㊸微捕：暗中伺机而袭捕之。

【译文】

李牧是赵国防守北部边疆的名将，曾长期领兵驻守在代县、雁门一带，防备匈奴人的进攻。他在军队里有权根据需要任命部下军官，从市场上收来的税金全归军部所有，以贴补士兵们的生活费用。他每天都要杀几头牛犒劳士兵，并注意训练士兵骑马射箭，严格注意烽火的通讯联络。他派出大量侦察人员多方探听敌情，并对士兵们非常爱护。李牧对全军宣布说："如果发现有匈奴人入侵，大家就迅速退进城堡工事，谁要是私自出去捕捉敌兵，就把谁处死。"所以每当匈奴来犯，由于有烽火及时报警，部队能迅速据城固守，而不开门迎战，所以一连几年，赵军都没有任何损失。然而匈奴人认为李牧是胆小鬼，有些赵国的士兵也认为自己的将军是胆小鬼。赵王听说了，就派人去责备李牧，但李牧不改，还像过去一样。赵王生气，就派人去代替李牧，让李牧回家为民。

在这后来的一年里，匈奴人每次入侵，赵军总是要开门应战。而在作战的过程中，又总是失败的次数多，伤亡很大，闹得在边疆地区都不能耕田放牧了。赵王无法，只好再请李牧出山。李牧闭门不出，推说有病。赵王于是极力敦促他出来领兵。李牧说："如果大王非要任用我，就必须允许我使用老办法，只有这样我才能接受任命。"赵王答应了。

李牧到达边疆后，又把各种制度都恢复成过去的样子，让匈奴人一连几年没有得到什么好处，但他们还认为李牧是胆小鬼。李牧手下的士兵每天都得到赏赐，但却无所事事，大家都希望打一仗。于是李牧精心挑选了一千三百辆战车、一万三千匹战马，还有获过百金之赏的勇士五万人、能拉硬弓的射手十万人，把他们组织起来进行严格训练。他还故意让百姓们出去放牧，弄得漫山遍野都是人。这时有小股的匈奴人来犯，李牧就假装失败，让匈奴俘去几千人。单于听说了，就率领大队人马前来进犯。李牧在正面布下了变化莫测的阵式，令匈奴人迷惑不解；同时又派出两支部队从左右两翼包抄过去，结果大破匈奴，杀死了匈奴十多万人。接着又灭了襜褴，打败东胡，降服林胡，匈奴单于逃得远远的。从此以后十多年，匈奴人再也不敢靠近赵国的边城。

赵悼襄王元年，廉颇被罢官逃到了魏国，赵国派李牧率军伐燕，夺得了燕国的武遂、方城二县。又过了两年，赵将庞煖又打败燕军，杀死燕将剧辛。又过了七年，秦国在武遂大破赵军，杀死赵将扈辄，杀死赵国士兵十多万。赵王赶紧任命李牧为大将，率军进攻宜安，结果大破秦军，赶跑了秦将桓齮（yǐ）。于是李牧被封为武安君。三年后，秦军进攻赵国的番吾，被李牧击退；同时来自南边韩、魏两国的威胁，也被李牧解除了。

赵王迁七年，秦王派王翦攻赵，赵王派李牧和司马尚迎敌。秦国派人用重金贿赂赵王的宠臣郭开，让他散布谣言，说李牧和司马尚想要造反。赵王信以为真，就派了赵葱和齐国来的颜聚去代替李牧。李牧不接受，赵王就派人袭捕了李牧，将李牧杀死；同时罢免了司马尚。三个月后，王翦大举进攻赵国，大破赵军，杀死赵葱，活捉了赵王迁及其将领颜聚，赵国遂宣告灭亡。

扩展阅读

武安君至[①]，使韩仓数之曰[②]："将军战胜，王觞将军[③]，将军为寿于前而捍匕首[④]，当死。"武安君曰："缪病钩[⑤]，身大臂短，不能及地，起居不敬[⑥]，恐惧死罪于前，故使工人为木杖以接手[⑦]，上若不信，缪请以出示[⑧]。"出之袖中，以示韩仓，状如振梱[⑨]，缠之以布。"愿公入明之。"韩仓曰："受命于王，赐将军死，不赦。臣不敢言[⑩]。"武安君北面再拜赐死，缩剑将自诛[⑪]，臂短不能及，衔剑征之于柱以自刺[⑫]。

（《战国策·秦策五》）

【注释】

①武安君至：李牧罢官后回至朝廷。

②韩仓：赵王迁身边的佞幸，与郭开同为千古罪人。　数：责骂。

③王觞将军：赵王为你置酒祝贺。觞（shāng），酒杯。

④为寿于前：上前向赵王敬酒。　　捍匕首：意即掏凶器。捍，持，掏。

⑤缳病钩：我自幼患小儿麻痹。缳，李牧的小名。病钩，手臂痿缩短小的样子。

⑥起居不敬：行礼的样子不好看、不合规矩，因而对君主不敬。

⑦为木杖以接手：做了一根小木棍，到时拄地，以接手臂的不够长。

⑧请以出示：我可以掏出来让你们看。

⑨梱（kǔn）：木橛子。被赵王误认作凶器者。

⑩不敢言：我无权代你上禀。

⑪缩剑：抽剑。

⑫衔剑：用嘴叼着剑。　征之于柱：借着厅内的立柱。

【译文】

李牧罢官回到朝廷，赵王迁派韩仓谴责李牧说：“你打了胜仗，大王置酒给你庆功，你起来给大王敬酒的时候怀揣凶器，此罪当死。”李牧说：“我从小得小儿麻痹，个子高胳膊短，跪拜的时候手不能扶地，不能按规矩行礼，怕因此获罪，故而让木工给我做了一支小手杖。大王如果不信，我可以掏出来给他看。”说罢，从袖子里掏出小手杖给韩仓看，那东西像个小木橛，用布缠着。李牧说：“请您帮我向大王说明。”韩仓说：“我接受的命令，是让你死，别的话我不敢说。”李牧无奈，只好向北叩谢赐死，抽出剑来自杀，由于胳膊短无法反刺，只好用嘴含起剑尖，把剑柄朝着柱子，用力一撞，自杀而死。

点 评

《李牧为赵破匈奴》选自《史记》的《廉颇蔺相如列传》。战国时期的名将有所谓“起翦颇牧”之称，即白起、王翦、廉颇、李牧也。前二者为秦将，后二者为赵将。李牧的事迹以破匈奴之战最为精彩。文章开头极力描写李牧的谨慎、退避，一方面他极大限度地壮大自己，增强自己的实力；另一方面又极大限度地麻痹敌人，让敌人处于极端松懈无备的状态，而后集中一切精锐力量出其不意地突然对敌发起猛烈攻击。《孙子兵法》有所谓“始如处女，敌人开户；后如脱兔，敌不及拒”，说的就是这种情形。李牧破匈奴的这场战斗，和田单之火牛阵破燕军大致相同，但李牧的做法更真实、更可信；而田单的做法则显然有虚构的成分。

司马迁写良将廉颇的结局是“赵孝成王卒，子悼襄王立，使乐乘代廉颇，廉颇怒，攻乐乘，乐乘走，廉颇遂奔魏之大梁”；写李牧是“赵王乃使赵葱及齐将颜聚代李牧，李牧不受命”。司马迁把他心目中的两位“良将”都写成这样，不知是否与他自己的切身遭遇有关。相比之下，《战国策》所写的李牧的死法，似乎具有更大的悲剧性与批判性。

王翦灭赵灭燕灭楚

王翦者，频阳东乡人也[①]，少而好兵，事秦始皇[②]。始皇十一年[③]，翦将攻赵阏与[④]，破之，拔九城。十八年，翦将攻赵。岁余，遂拔赵，赵王降，尽定赵地为郡[⑤]。明年，燕使荆轲为贼于秦[⑥]，秦王使王翦攻燕。燕王喜走辽东[⑦]，翦遂定燕蓟而还[⑧]。秦使翦子王贲击荆[⑨]，荆兵败。还击魏，魏王降，遂定魏地[⑩]。

秦始皇既灭三晋[⑪]，走燕王，而数破荆师。秦将李信者[⑫]，年少壮勇，尝以兵数千逐燕太子丹至于衍水中[⑬]，卒破得丹，始皇以为贤勇。于是始皇问李信："吾欲攻取荆，于将军度用几何人而足[⑭]？"李信曰："不过用二十万人。"始皇问王翦，王翦曰："非六十万人不可。"始皇曰："王将军老矣，何怯也！李将军果断壮勇[⑮]，其言是也。"遂使李信及蒙恬将二十万南伐荆[⑯]。王翦言不用，因谢病，归老于频阳。李信攻平与[⑰]，蒙恬攻寝[⑱]，大破荆军。信又攻鄢、郢[⑲]，破之。于是引兵而西，与蒙恬会城父[⑳]。荆人因随之，三日三夜不顿舍[㉑]，大破李信军，入两壁，杀七都尉，秦军走[㉒]。

【注释】

①频阳：秦县名，县治在今陕西富平东北。

②秦始皇：名政，前246年继位为秦王，前221年统一全国称皇帝。

③始皇十一年：前236年。此时秦尚未统一六国，只合称“秦王政十一年”。

④阏（yù）与：赵县名，即今山西和顺。

⑤尽定赵地为郡：灭赵后，秦在其地设邯郸郡、巨鹿郡、恒山郡；此时赵国的残余势力尚盘踞代地，灭代后，又设代郡。

⑥荆轲：燕国的刺客，于秦灭赵的第二年入秦行刺，失败被杀。

⑦燕王喜：燕国的末代国君，前254—前222年在位。　辽东：燕郡名，郡治襄平（今辽宁辽阳）。

⑧燕蓟：燕国的都城蓟县，即今北京。

⑨荆：指楚，此时楚国的都城寿春，即今安徽寿县。

⑩魏王降，遂定魏地：魏王假降秦，秦在其地设砀郡。

⑪三晋：指韩、赵、魏三国。

⑫李信：汉将李广的祖辈。

⑬太子丹：燕王喜的太子，荆轲入秦行刺的主使者。　衍水：即今流经本溪、辽阳一带的太子河。

⑭度：忖度，估计。

⑮果断：通行本误作“果势”，不可解，今据改。

⑯蒙恬：秦将名，蒙骜之孙，蒙武之子。

⑰平与：应作“平舆”，楚县名，在今河南平舆西北。

⑱寝：也叫寝丘，古邑名，在今河南沈丘东南。

⑲鄢、郢：楚国的旧时都城，鄢在今湖北宜城南；郢的故址在今湖北荆州的纪南城。

⑳城父：楚县名，县治在今安徽亳州东南。

㉑顿舍：停顿，息宿。

㉒走：逃跑。

【译文】

王翦是频阳东乡人，从小喜欢兵法，后来侍奉秦王嬴政，成为秦国大将。秦王政十一年，王翦领兵攻下赵国的阏与，接着又一连夺得九城。十八年，王翦又率兵伐赵。经过一年多征战，攻下了赵国的首都邯郸，赵王宣告投降，赵地全部平定，成了秦国的郡县。第二年，燕国派荆轲入秦行刺，秦王大怒，派王翦立刻起兵攻燕。燕王喜逃到辽东，燕国的首都蓟城一带被王翦全部平定。秦王又派王翦的儿子王贲率兵攻楚，打败楚军后，回军攻魏，魏王宣告投降，魏国全境成为秦国的郡县。

秦王灭了韩、赵、魏三国，赶走了燕王喜，又一连几次打败楚国军队。这时秦国的将领李信，年轻勇敢，曾带领几千人在辽东的衍水捉住了燕太子丹。秦王喜欢他的勇敢能干，问他："我想灭掉楚国，你看得用多少人？"李信说："顶多二十万。"秦王又问王翦，王翦说："少了六十万不行。"秦王说："王将军老了，不然怎么这么胆小？李将军勇敢，你的话我赞成。"于是派李信和蒙恬领着二十万人向南进军楚国。王翦因为自己的意见不被采纳，就以有病为由，回老家频阳休养去了。李信率军攻平与，蒙恬率军攻寝丘，大败楚军。接着李信又攻破了鄢、郢，而后引兵西下，准备去城父与蒙恬会师。这时楚军尾随其后，不停地追了三天三夜，最后攻破了李信的两座大营，杀死了七个都尉，秦军大败而回。

始皇闻之，大怒，自驰如频阳，见谢王翦曰："寡人以不用将军计，李信果辱秦军。今闻荆兵日进而西，将军虽病，独忍弃寡人乎？"王翦谢曰："老臣罢病悖乱[①]，唯大王更择贤将。"始皇谢曰："已矣，将军勿复言！”王翦曰：“大王必不得已用臣，非六十万人不可。”始皇曰：“为听将军计耳[2]。”于是王翦将兵六十万人，始皇自送至灞上[3]。王翦行，请美田宅园池甚众。始皇曰：“将军行矣，何忧贫乎？”王翦曰：“为大王将，有功终不得封侯[4]，故及大王之向臣[5]，臣亦及时以请园池为子孙业耳。”始皇大笑。王翦既至关[6]，使使还请善田者五辈[7]。或曰：“将军之乞贷，亦已甚矣。”王翦曰：“不然。夫秦王怚而不信人[8]。今空秦国甲士而专委于我，我不多请田宅为子孙业以自坚[9]，顾令秦王坐而疑我邪[10]？”

王翦果代李信击荆。荆闻王翦益军而来，乃悉国中兵以拒秦。王翦至，坚壁而守之，不肯战。荆兵数出挑战，终不出。王翦日休士洗沐，而善饮食抚循之[11]，亲与士卒同食。久之，王翦使人问军中戏乎？对曰：“方投石超距[12]。”于是王翦曰：“士卒可用矣。”荆数挑战而秦不出，乃引而东。翦因举兵追之，令壮士击，大破荆军。至蕲南[13]，杀其将军项燕[14]。荆兵遂败走，秦因乘胜略定荆地城邑。岁余，虏荆王负刍[15]，竟平荆地为郡县[16]。因南征百越之君[17]。而王翦子王贲，与李信破定燕、齐地[18]。

秦始皇二十六年[19]，尽并天下，王氏、蒙氏功为多，名施于后世[20]。

（《白起王翦列传》）

【注释】

①罢病悖乱：罢病指身体不好，悖乱指精神不好。罢，通“疲”。

②为听将军计耳：为，似应读作“唯”，《册府元龟》卷一九九引正作“唯”，意即一切都听你的。

③灞上：也作“霸上”，在当时的咸阳城东南，今西安市东的霸水西侧。

④有功终不得封侯：秦国之功臣将相，能封侯者很少，王翦之前丰功伟绩如张仪、司马错、白起，王翦之后立有殊勋之李斯、蒙恬，皆未闻封侯。

⑤向：亲近，重用。

⑥至关：出行至函谷关，在今河南灵宝东北。

⑦五辈：五批、五伙。

⑧怚而不信人：粗暴且又多疑。怚，通“粗”。
⑨自坚：使其对自己坚信不疑。
⑩顾：表转折，反而。
⑪抚循：安抚，体恤。
⑫投石：练习投得远，投得准。　超距：即跳跃，跳远。
⑬蕲南：蕲县南。蕲是楚县名，在今安徽宿县南。
⑭项燕：楚国的最后一员名将，项羽的祖父。
⑮负刍：楚国的末代之君，前227—前223年在位。
⑯平荆地为郡县：秦灭楚后，以楚地为南郡、衡山郡、九江郡等。
⑰百越：今浙江温州一带当时有“瓯越”，今福建一带当时有“闽越”，今广东、广西以及湖南南部、越南北部一带有“南越”，因其种类繁多，故称“百越”。
⑱定燕、齐地：平定了燕国的残余势力，灭掉了整个齐国。
⑲始皇二十六年：前221年。秦王政于此年统一天下，改号称始皇帝。
⑳名施于后世：威名传于后世。施，延伸，流传。

【译文】

秦王见李信大败而回，非常生气，立刻乘车赶到频阳，向王翦道歉：“我后悔当初没有采纳您的意见，结果叫李信给我们秦军带来了耻辱。现在楚军天天西进，您尽管身体不好，但您能忍心撇下我们不管吗？”王翦说：“我现在又病又糊涂，干不了啦，大王还是另请高明吧！”秦王诚恳地说：“好了，将军不要再推辞了。”王翦说：“如果大王一定非要我去，那还是非六十万人不行！”秦王说：“一切都听您的。”于是王翦领着六十万人出发了，秦王亲自送他到霸上。王翦出发前向秦王要了许多好房子、好地、好园林。秦王说：“我看可以啦，难道您还担心今后受穷吗？”王翦说：“做大王的将领，立了功也不能封侯，所以还是趁着大王信任我，我多为子孙后代留点家业。”秦王听了哈哈大笑。从出咸阳到函谷关，这期间王翦又一连五次派人向秦始皇要好地。有人劝他：“您这样无止无休地讨要，也太过分了。”王翦说：“不是这个意思。咱们大王又粗暴又多疑，现在他把全国的军队都交给了我，我要是不为子孙要房子要地，那岂不让他怀疑我吗？”

王翦代替了李信出兵攻楚。楚国听说王翦又带着更多的秦军来了，就动员全国的力量进行抵抗。王翦与楚军相遇后，只顾坚守工事，不与楚兵交战。楚军一连几次向秦军挑战，王翦始终不应。秦军内部则每天都让大家休息、洗澡，给大家好吃、好喝，王翦本人也和士兵们一同进餐。这样一直过了好久。有一天王翦派人到下面去看士兵们在做什么游戏，去的人回来说：“都在扔石头，跳远。”王翦说：“这些士兵可以投入战斗了。”楚将见多次挑战，秦军不应，就领着楚军向东转移了。王翦闻讯立即起兵追赶，派精兵猛烈攻击，楚军大败。王翦乘胜追到了蕲县城南，杀死了楚国的名将项燕。楚军四散而逃，王翦趁势平定了楚国全境。一年后，活捉了楚王负刍，整个楚国都变成了秦国的郡县。接着又挥兵南下扫平了百越地区的众多少数民族。这时王翦的儿子王贲，也和李信一道平定了燕国和齐国。

秦王政二十六年，天下统一。在秦国统一天下的过程中，王翦父子和蒙恬兄弟的功劳最大，他们的名声一直流传于后代。

扩展阅读

《陕西通志》及《富平通志》均载有王翦尚华阳公主事[1]，略谓：始皇二十三年[2]，李信伐楚败归，时王翦谢病家居。始皇疾驾入频阳，手以上将军印佩翦身，授命二十万[3]。后三日，翦发频阳[4]，始皇降华阳公主[5]，简宫中丽色百人为媵[6]，北迎翦于途，诏即遇处成婚。翦行五十里相遇，列兵为城，中间设锦幄。两人行合卺礼[7]。信宿[8]，公主随翦入都，诏频阳别开公主第。今名相遇处为“华阳”。其事不知所出，而两书皆言之凿凿。然则翦之多请美田宅园池为子孙业者，殆亦利用独生女情深以为自坚之地耶？

（马非百《秦集史》）

【注释】

①尚：上配，意思即娶。对帝王之女的敬称。

②始皇二十三年：前224年。

③二十万：指二十万铜钱。

④发频阳：由频阳动身向咸阳。频阳在咸阳的东北方，今陕西富平东北。

⑤降华阳公主：派其女华阳公主下嫁王翦。

⑥简：挑选。　为媵（yìng）：为公主作陪嫁女。

⑦合卺（jǐn）：喝交杯酒。

⑧信宿：连宿两夜。

【译文】

《陕西通志》及《富平通志》均载有王翦娶华阳公主的事情，大意说：秦始皇二十三年，李信伐楚大败而回，当时王翦正推说有病在频阳老家住着。秦始皇飞车来到频阳，亲手把大将印挂在王翦的身上，下令赏赐王翦铜钱二十万。三天后，王翦动身离开频阳。秦始皇把他的女儿华阳公主嫁给王翦，从宫中挑了一百名美女为公主陪嫁，让她们向东北迎着王翦来的方向走。秦始皇下诏命令在什么地方相遇就在什么地方成亲。结果王翦在离开频阳五十里的地方遇上了，于是就让士兵围成一座城墙，在中间布成锦帐。两个人就在那里行了合卺礼。住了两天，公主跟着王翦来到咸阳。秦始皇下令让频阳县给华阳公主建造一所府第。后来人们就称公主与王翦相遇的那个地方为华阳。这个故事不知出于何处，但《陕西通志》与《富平县志》都写得清清楚楚。王翦三番五次地向秦始皇讨要良田美宅为儿孙打算，这种办法差不多就和秦始皇利用自己的亲生女来加强王翦对自己的忠心是一样的。

点评

《王翦灭赵灭燕灭楚》选自《史记》的《白起王翦列传》。《白起王翦列传》的传主白起、王翦是秦国的两位杰出军事家。白起是秦昭王时期人，王翦是秦始皇时代人。秦昭王与白起为秦国的统一六国奠定了坚实基础，而秦始皇与王翦等则是如风扫落叶一样完成了统一六国的大业。这里所选的《王翦灭赵灭燕灭楚》基本上就是秦始皇统一六国的缩影。王翦在这里所表现的军事上的知己知彼、足智多谋，以及他那种在为秦国忠心效力的同时，又时刻考虑着不令君主生疑，不让自己处于危险之地的防卫措施，都给人们留下了深刻的印象。在这一点上，王翦比二十年前的白起，以及二十年后的韩信都聪明多了，白起与韩信的战功都不亚于王翦，但他们的结局都很悲惨，这是令千古读史者掩卷深思的。

秦始皇的统一之功如今已无人再有异议，但他却一直顶着一个“残暴”的恶名。从《王翦灭赵灭燕灭楚》这段故事看，秦始皇还颇有遇到失败主动负责、有错就改的精神。对待王翦的态度，大家已经看到了。秦国还有个谋士名叫尉缭，他劝秦始皇要舍得花钱去收买东方各国的大臣，让他们故意搞乱自己的国家，暗中为秦国效力。这样，顶多花不了三十万锭金子，就可以奏效了。秦王采纳了他的谋略，对尉缭很尊崇，给尉缭提供的衣服饭食，都和自己的一样。但尉缭没有感恩，反而对人说：“秦王的鼻子像马蜂，胸脯像鹰，说话的声音像豺狼，残暴凶狠。他一旦得志就可以肆意杀人。我还是赶紧离他远点。”说完就想逃走。秦始皇发觉后，不仅不生气，反而诚恳地请他留下，任用他当了秦国的最高军事长官。秦始皇的这些作为，似乎也应该为更多人了解。

张良圯上受兵书

留侯张良者[1]，其先韩人也[2]。大父开地[3]，相韩昭侯、宣惠王、襄哀王[4]。父平，相釐王、悼惠王[5]。悼惠王二十三年[6]，平卒。卒二十岁，秦灭韩[7]。良年少，未宦事韩[8]。韩破，良家僮三百人[9]，弟死不葬[10]，悉以家财求客刺秦王[11]，为韩报仇，以大父、父五世相韩故[12]。

良尝学礼淮阳[13]。东见仓海君[14]，得力士，为铁椎重百二十斤[15]。秦皇帝东游，良与客狙击秦皇帝博浪沙中[16]，误中副车[17]。秦皇帝大怒，大索天下，求贼甚急，为张良故也。良乃更名姓，亡匿下邳[18]。

良尝闲从容步游下邳圯上[19]，有一老父，衣褐[20]，至良所，直堕其履圯下[21]，顾谓良曰："孺子[22]，下取履！"良愕然，欲殴之。为其老，强忍，下取履。父曰："履我！"良业为取履，因长跪履之[23]。父以足受，笑而去。良殊大惊，随目之。父去里所[24]，复还，曰："孺子可教矣。后五日平明，与我会此。"良因怪之，跪曰："诺。"五日平明，良往，父已先在。怒曰："与老人期[25]，后[26]，何也？"去，曰："后五日早会！"五日鸡鸣，良往，父又先在。复怒曰："后，何也？"去，曰："后五日复早来！"五日，良夜未半往[27]。有顷，父亦来，喜曰："当如是。"出一编书[28]，曰："读此则为王者师矣。后十年兴[29]，十三年孺子见我济北[30]，谷城山下黄石即我矣[31]。"遂去，无他言，不复见。旦日视其书，乃《太公兵法》也[32]。良因异之，常习诵读之。

（《留侯世家》）

【注释】

①留侯：张良的封号。留，秦县名，在今江苏沛县东南。

②韩：战国“七雄”之一，国都即今河南新郑。

③大父：祖父。

④韩昭侯：前362—前333年在位。 宣惠王：前332—前312年在位，韩国从此改侯称王。 襄哀王：前311—前296年在位。

⑤釐（xì）王：前295—前273年在位。 悼惠王：前272—前239年在位。

⑥悼惠王二十三年：前250年。

⑦秦灭韩：韩王安九年（前230），秦灭韩，以为颍川郡。

⑧未宦事韩：没给韩国为官做事。

⑨家僮：家奴，婢仆。

⑩不葬：未以礼相葬，为节省钱财。

⑪求客：物色勇士、刺客。

⑫五世相韩：应曰“相韩五世”，即前所谓“大父开地相昭侯、宣惠王、襄哀王；父平相釐王、悼惠王”。

⑬淮阳：秦县名，即今河南淮阳。

⑭仓海君：古朝鲜中部的一个君主。

⑮铁椎：铁锤。椎，通“锤”。

⑯狙（jū）击：半路伏击。 博浪沙：古地名，在今河南原阳城东南。

⑰副车：给天子车驾做扈从的车辆。

⑱亡匿：逃避，躲藏。 下邳（pī）：秦县名，在今江苏睢宁西北。

⑲从容：意为“随便”，不经心的样子。 圯（yí）：桥。

⑳褐：粗布短衣，古代贫者所穿。

㉑直：特意，故意。

㉒孺子：意为“小子”，是一种不客气、不讲礼貌的称呼。

㉓长跪：原指挺身而跪，这里即指跪下身去。

㉔里所：一里来地。所，许，表示“约略”的数量词。

㉕期：约会。

㉖后：迟到。

㉗夜未半：还不到半夜。

㉘一编书：意为“一本书”“一册书”。古代的书籍有些是写在竹简上，而后用皮条将其串联在一起，因而用“编”为其量词。

㉙兴：兴起，发迹，隐指诸侯群起反秦。

㉚济北：秦郡名，在今山东泰安东南。

㉛谷城山：也称黄山，在今山东东阿东南，当时属济北郡。

㉜《太公兵法》：也称《六韬》，分别为“文韬”“武韬”“龙韬”“虎韬”“豹韬”“犬韬”。相传为姜太公所作。姜太公即姜子牙，先为周文王的军师，后辅佐周武王灭殷纣建立了周王朝。

【译文】

留侯张良，祖先是韩国人。祖父张开地，在韩昭侯、宣惠王、襄哀王三朝为宰相。父亲张平，又在韩釐王、悼惠王两朝为宰相。悼惠王二十三年，张平逝世。又过了二十年，韩国被秦国所灭。张良年岁小，没有赶上在韩国做官。韩国灭亡后，张良家里还很富有，光奴仆就有三百人。他的弟弟死时，丧礼一切从俭，为的是省下家财，以物色刺客，谋刺秦始皇。他立志为韩国报仇，因为他的祖父和父亲，曾在韩国相继做过五朝的宰相。

张良曾到淮阳学过礼，又到辽东拜访过仓海君。在辽东找了一个大力士，此人手执一个一百二十斤的大铁锤。当秦始皇巡游东方时，张良就同这个大力士埋伏在博浪沙，对秦始皇进行袭击，结果错打了副车。秦始皇大怒，下令全国搜捕，一直闹了很长时间。这就是张良干的。事后张良改名换姓，逃到下邳隐藏起来。

一天，张良无事到下邳的桥上散步，一个身穿粗麻布短衣的老人走到张良跟前，故意把他的鞋子甩到桥下，转头对张良说："小子，下去给我拾上来！"张良一惊，心想给他两拳。但看他年纪大了，就强压怒火，下去把鞋捡了上来。老人把脚一伸说："给我穿上。"张良心想既然已经给他捡上来了，那就给他穿上吧，于是就跪下身给老人穿上鞋。老人穿好鞋，满意地笑着走了。张良望着他的背影，心里很吃惊。老人走出去一里来地，又转身回来了，对张良说："你这小子有培养前途，五天后的黎明，在这儿等我。"张良更觉得奇怪了，恭敬地回答说："好。"到了第五天，天才蒙蒙亮，张良来到桥头，老人早已等在那里了。老人生气地说："跟上年纪的人约会，为什么迟到？"说完转身就走，说："过五天早点来。"五天后，刚鸡叫，张良来到桥头，结果老人又先等在那里了。老人更生气地说："还迟到，怎么搞的？"回头就走，说："再过五天，一定要早点来！"这回第五天还不到半夜，张良就到了桥头。过了一会儿，老人来了，高兴地说："就应该这样！"他拿出一编竹简给张良，说："好好地读透这部书，就可以成为帝王师了。再过十年，会有王者兴起。再过十三年，你我将在济北郡见面。那时你会在谷城山下见到一块黄石头，那就是我。"说完转身走了，没有再说别的话。从此再也没有见过这个人。等到天亮，张良把这部书拿出来一看，原来是《太公兵法》。于是张良把它视为珍宝，整天捧着研读。

扩展阅读

大智不智[①]，大谋不谋，大勇不勇，大利不利[②]。利天下者，天下启之[③]；害天下者，天下闭之[④]。天下者，非一人之天下，乃天下之天下也。取天下者，若逐野兽[⑤]，而天下皆有分肉之心；若同舟而济[⑥]，济则皆同其利，败则皆同其害。然则皆有以启之，无有闭之也。无取于民者，取民者也[⑦]。无取民者民利之[⑧]；无取国者国利之；无取天下者天下利之。故道在不可见[9]，事在不可闻，胜在不可知[10]，微哉微哉[11]！鸷鸟将击[12]，卑飞敛翼；猛兽将搏，弭耳俯伏[13]；圣人将动[14]，必有愚色。今彼有商[15]，众口相惑[16]。纷纷渺渺，好色无极[17]，此亡国之征也。吾观其野，草菅胜谷[18]；吾观其众，邪曲胜直；吾观其吏，暴虐残贼。败法乱刑，上下不觉，此亡国之时也。大明发而万物皆照[19]，大义发而万物皆利，大兵发而万物皆服。大哉！圣人之德，独闻独见。乐哉！

（《太公兵法·武韬》）

【注释】

①大智不智：有大智慧的人，常表现为一种没有智慧的样子。

②大利不利：图大利的人，常表现为一种不图利的样子。

③启：兴，发。

④闭：压，抑。

⑤逐：追捕。

⑥济：渡水。

⑦无取于民者，取民者也：越是不搜刮百姓的人，从百姓那里获得的更多。

⑧利之：认为他对己有利，从而拥护他。

⑨道在不可见：真正的大道理表面上是看不见的。

⑩胜在不可知：最伟大的胜利一般人是觉察不出来的。

⑪微：妙。

⑫鸷（zhì）鸟：猛禽。

⑬弭耳：贴耳，温顺的样子。

⑭圣人：最聪明、最有智慧的人。

⑮有商：商王朝，具体指殷纣王的统治。

⑯众口相惑：花言巧语，相互欺骗。

⑰好色：表面上的花里胡哨，哗众取宠。

⑱草菅（jiān）胜谷：杂草压倒庄稼苗。

⑲大明：指日月。

【译文】

有大智慧的人，常表现为一种没有智慧的样子；有大谋略的人，常表现为没有谋略的样子；真正勇敢的人，常表现为很怯懦；图大利的人，常表现为不贪婪。施利于天下的人，天下人都支持他；施害于天下的人，天下人都摒弃他。天下不是属于一个人的，是属于天下人的。夺取天下的情势，就好比众人猎逐野鹿一样，因为天下人都有想分取鹿肉的欲望。就像同舟渡河一样，渡过了河大家都受益，没有渡过河大家都要受到损害。既然这样那么天下人都会支持他，不会摒弃他。越是不搜刮百姓的人，从百姓那里获得的更多。不搜刮百姓的人，百姓们欢迎他；不想占有国家的人，国家喜欢他；不想独占天下的人，天下人都喜欢他。最高深的道理是看不见的，最重要的消息是听不到的，最伟大的胜利是无法知晓的。真是奥妙啊，奥妙啊。猛禽将要扑击，先要低飞敛翼；猛兽将要搏击，先是垂耳伏地。圣人将要办大事，必先装傻。如今的商王朝，彼此相互哄骗，形形色色，花里胡哨，这正是亡国的征兆。他的田野上，杂草掩盖禾苗；他的民众里，坏人压倒好人；他的官场上，一派残暴荒淫。法制乱套，上下不觉，这已经是亡国的时刻。日月一出则四海通明，义旗一举则天下受利，大兵一出则天下皆服。伟大啊，圣人之德，只有圣人能听到一切、看清一切，妙哉。

点 评

《张良圯上受兵书》选自《史记》的《留侯世家》。《留侯世家》写了张良用黄老思想辅佐刘邦推翻秦朝、打败项羽，并稳定了汉初局势的全过程。张良在《史记》中是个摇羽毛扇的人物，这个形象的出现深刻影响了中国后世传记文学与长篇历史小说的创作，使后代任何一朝成功的帝王身边总免不了有一位军师，这个军师总是能掐会算，预知未来，具有一种半人半神的特质。这个人物系列的排头兵就是张良，张良安身立命的根本是黄老哲学，一定程度上说，他就是黄老哲学的化身。张良凭着这套黄老之学帮着刘邦斗垮了秦朝、斗垮了项羽；又帮刘邦斗垮了功臣，同时还自己留一手，与刘邦和吕后斗。张良就是凭着这种手段使自己永远立于不败之地。

但青年时代的张良却不是这样的。张良是韩国贵族的后代，韩国被秦所灭后，张良立志为韩国报仇，他花光了全部家资网罗游侠刺客；他们伏击秦始皇于博浪沙，闹得秦始皇到死都战战兢兢。但是仅凭谋刺是不可能推翻秦王朝的，想要改朝换代必须走另外的道路。也就是说，张良要成就大事，必须有一个脱胎换骨的过程，这脱胎换骨的契机就是我们所选的这段《张良圯上受兵书》。授书给张良的这个老人究竟有还是没有，如果有，大概是一个什么样的人？他给张良的究竟是什么书，张良从书中究竟学到了什么样的神通？苏轼写过《留侯论》，他说这是某位“隐君子”为了点化张良而故行此计，张良也的确从此摇身一变，由荆轲、聂政变成了满腹玄机的军师。《太公兵法》一类的书，张良肯定是读了不少，而且是真正掌握了其中的三昧，而且又真的是融化在血液中、落实在行动上，所以张良在灭秦、破项，在斗别人、保自己等方面运用黄老哲学，都能自然天成、炉火纯青。

陈涉起义称张楚

陈胜者，阳城人也[①]，字涉。吴广者，阳夏人也[②]，字叔。陈涉少时，尝与人佣耕[③]，辍耕之垄上[④]，怅恨久之，曰："苟富贵，无相忘。"庸者笑而应曰[⑤]："若为庸耕[⑥]，何富贵也？"陈涉太息曰："嗟乎，燕雀安知鸿鹄之志哉[⑦]？"

二世元年七月[⑧]，发闾左適戍渔阳[⑨]，九百人屯大泽乡[⑩]。陈胜、吴广皆次当行[⑪]，为屯长[⑫]。会天大雨，道不通，度已失期[⑬]。失期，法皆斩。陈胜、吴广乃谋曰："今亡亦死[⑭]，举大计亦死[⑮]，等死，死国可乎[⑯]？"陈胜曰："天下苦秦久矣。吾闻二世少子也，不当立，当立者乃公子扶苏[⑰]。扶苏以数谏故，上使外将兵[⑱]。今或闻无罪，二世杀之[⑲]。百姓多闻其贤，未知其死也。项燕为楚将[⑳]，数有功，爱士卒，楚人怜之。或以为死，或以为亡。今诚以吾众诈自称公子扶苏、项燕，为天下唱[㉑]，宜多应者。"吴广以为然。

乃行卜。卜者知其指意，曰："足下事皆成，有功。然足下卜之鬼乎[㉒]？"陈胜、吴广喜，念鬼[㉓]，曰："此教我先威众耳。"乃丹书帛曰"陈胜王"，置人所罾鱼腹中[24]。卒买鱼烹食，得鱼腹中书，固以怪之矣；又间令吴广之次所旁丛祠中[25]，夜篝火[26]，狐鸣呼曰“大楚兴，陈胜王”。卒皆夜惊恐。旦日[27]，卒中往往语，皆指目陈胜。

吴广素爱人，士卒多为用者。将尉醉[28]，广故数言欲亡，忿恚尉[29]，令辱之，以激怒其众。尉果笞广[30]，尉剑挺[31]，广起，夺而杀尉。陈胜佐之，并杀两尉。召令徒属曰：“公等遇雨，皆已失期，失期当斩。藉第令毋斩[32]，而戍死者固十六七[33]。且壮士不死即已，死即举大名耳[34]，王侯将相宁有种乎[35]？”徒属皆曰：“敬受命。”乃诈称公子扶苏、项燕，从民欲也。袒右[36]，称大楚，为坛而盟，祭以尉首。陈胜自立为将军，吴广为都尉[37]。攻大泽乡，收而攻蕲[38]。蕲下，乃令符离人葛婴将兵徇蕲以东[39]。攻铚、酂、苦、柘、谯皆下之[40]。行收兵[41]，比至陈[42]，车六七百乘，骑千余，卒数万人。攻陈，陈守令皆不在[43]，独守丞与战谯门中[44]。弗胜，守丞死，乃入据陈。数日，号令召三老、豪杰与皆来会计事[45]。三老、豪杰皆曰：“将军身被坚执锐，伐无道，诛暴秦，复立楚国之社稷[46]，功宜为王。”陈涉乃立为王，号为张楚[47]。

（《陈涉世家》）

【注释】

①阳城：秦县名，在今河南方城东。

②阳夏：秦县名，即今河南太康。

③佣耕：被雇佣从事耕作。

④辍：停下。

⑤庸者：与陈涉一起受雇佣的人。庸，通“佣”。

⑥若：尔，你。

⑦鸿鹄（hú）：天鹅。

⑧二世元年：前209年。二世名胡亥，秦始皇第二十五子。

⑨闾左：居里巷之左侧者。　适戍：发配戍守。适，同“谪”。　渔阳：秦县名，即今北京密云。

⑩屯：停驻。　大泽乡：在今安徽宿州，当时属蕲县。

⑪皆次当行：都是按次序应该前去服役的。

⑫屯长：下级军吏，大约相当于后世的连长。古代大将军营下

设五部，部的长官为校尉；部下有曲，曲的长官称侯；曲下有屯，屯的长官即屯长。

⑬度已失期：估计着肯定要迟到。度，估计，猜测。

⑭亡：潜逃。

⑮举大计：指造反。

⑯等死：反正都是死。　死国：为建立自己的王朝豁出命去干。

⑰扶苏：秦始皇的长子。

⑱使外将兵：派他与蒙恬共同率兵在外。

⑲二世杀之：始皇死前遗诏传位于扶苏，始皇死后，赵高、李斯篡改诏书立二世，并将扶苏赐死。

⑳项燕：项羽之祖父，战国末期楚国的将领，被秦将王翦所杀。

㉑唱：引头，发端。

㉒卜之鬼：到鬼神那里去占卜，即暗示让他假借鬼神以号召群众。

㉓念鬼：心里寻思卜者所说的“卜之鬼”是什么意思。

㉔所罾（zēng）鱼：所捕捞来的鱼。罾，渔网，这里用作动词。

㉕间令：暗中派遣。　之：往。　次所：戍卒所驻之处。　丛祠：草树荫蔽中的野庙。

㉖篝火：举火、点火之意。

㉗旦日：天亮之后。

㉘将尉：统领戍卒的县尉。将，统领、率领。

㉙忿恚（huì）：恼怒，激之使怒。

㉚笞：用鞭或棍棒、竹板打人。

㉛尉剑挺：将尉在打人时，其佩剑由鞘中甩脱出来。

㉜藉第令毋斩：即使暂时不被杀。藉第令，即便，即使。“藉”“第”二字同义叠用。

㉝戍死：为守边、修城而累死。　十六七：十分之六七。

㉞举大名：指称帝称王。

㉟宁有种乎：难道是按血统传下来的吗？

㊱袒右：脱袖露出右肩，宣誓结盟时的一种姿态。

㊲都尉：军官名，级别低于将军，略相当于校尉。

㊳蕲（qí）：秦县名，在今安徽宿州南。

㊴符离：秦县名，在今安徽宿州东北。 徇：巡行宣令，号召各地的军民听从号令。

㊵铚（zhì）：秦县名，在今安徽宿州西南。 酂（cuó）：秦县名，在今河南永城西。 苦（hù）：秦县名，即今河南鹿邑。 柘（zhè）：秦县名，在今河南柘城西北。 谯（qiáo）：秦县名，即今安徽亳州。

㊶行收兵：一面前进，一面招募、收编部队。

㊷比至陈：等到达陈县。比，及，至。陈，秦县名，即今河南淮阳，当时也是陈郡的郡治所在地。

㊸陈守令：陈郡的郡守和陈县县令。

㊹守丞：陈郡的郡丞。 谯门：上有望楼的城门。

㊺三老：乡官，职掌教化。 豪杰：当地有名望、有势力的人物。

㊻复立楚国之社稷：意即重建了楚国。社稷，社稷坛，帝王祭祀土神与农神的地方，历来被用以代指王朝政权。

㊼张楚：国号，意即大楚。

【译文】

陈胜是阳城人，字涉。吴广是阳夏人，字叔。陈涉年轻时曾给人家当长工，有一次干活累了，在田埂上休息，他恨恨不平地说：“谁要是日后阔了，可不要忘记今天的穷哥们。”别的长工都笑他：“你一个干活的，还谈什么阔不阔呢？”陈涉长叹一声：“唉！燕雀哪能理解鸿鹄的志向！”

秦二世元年七月，发遣住在里巷左侧的壮丁到渔阳守边。同行者九百人，中途驻扎在大泽乡。陈胜、吴广都在这一群人里，充当屯长。正赶上天降大雨，道路不通，他们计算行程，肯定是不能按时赶到渔阳了。不能按时到达，按照秦法都要杀头。陈胜、吴广私下商量说："我们如果逃跑，被抓回来肯定得死；如果造反，即使失败了，无非也就是死。既然二者都是死，干脆豁出命去造反，为自己打天下而死不是更好吗？"陈胜说："百姓受秦朝暴政的苦，时间不短了。我听说秦二世是秦始皇的小儿子，不该他当皇帝，该当皇帝的是长子扶苏。扶苏由于多次劝说秦始皇，秦始皇讨厌他，派他带兵到外头守边。现在听说他无罪却被秦二世杀了。百姓们都知道扶苏贤明，还不知道他已经被杀。项燕是楚国的名将，曾多次立功，而且关心士卒，楚国人都喜欢他。现在有人说他死了，有人认为他还活着，不知道躲在什么地方。现在我们要是冒充公子扶苏或项燕，带头造反，响应我们的人一定会很多。"吴广觉得有理。

但两人还有些犹豫，便去找人算卦。算卦的猜出了他们的心思，就说："你们的事情都能办成，而且一定会有大功。你们怎么不去请鬼神拿个主意呢？"陈胜、吴广很高兴，心里琢磨"请鬼神拿主意"是什么意思，后来恍然大悟："他是让我们假借鬼神的名义来号召百姓。"于是他们在一块白布上写了"陈胜王"三个红字，塞进了捕鱼人捞上来的一条鱼的肚子里。这条鱼被戍卒们买了回来，一开膛发现了鱼肚子里的这个红字条，人们觉得很奇怪。陈胜又让吴广夜里偷偷地到营房附近林子下的破庙里，点起火把，像狐狸叫似的高喊"大楚兴，陈胜王"。戍卒们都被吓得一夜没有睡好觉。第二天早晨，戍卒们交头接耳地开始议论，并指指点点地斜着眼睛看陈胜。

吴广平常很关心人，戍卒们都愿意听他使唤。这一天，押送戍卒的县尉喝醉了，吴广就故意当着他的面扬言要逃跑，以激怒他，让他鞭打自己，以便激起戍卒们的义愤。县尉果然抄起板子打吴广，用力时腰间的佩剑从剑鞘中甩了出来，吴广一跃而起，夺过宝剑，杀死了打他的那个县尉。陈胜在一旁帮忙，把另两个县尉也杀了。随后他们把戍卒召集起来，对大家说："我们在这里遇上大雨，无论如何不能按时赶到渔阳了。不能按时到达，按秦法我们都得死。即使这次不死，单是为守边也得死个十分之六七。大丈夫不敢豁出去也就罢了，如果敢于豁出去，那就要干出点大名堂。那些王侯将相，难道只有贵族的后代才能当吗？"戍卒们都说："愿听您的指挥。"为了顺应民心，就假说领头的是扶苏与项燕。义军们袒露右臂宣誓，号称"大楚"。他们搭起祭台，用县尉的人头祭天。陈胜自己做了将军，吴广做了都尉。他们先攻下了大泽乡，接着又带领大泽乡的百姓去攻蕲县，蕲县的守军投降了。陈胜派符离人葛婴带兵去蕲县以东开辟地盘，他和吴广则率军西进攻铚、攻酂、攻苦、攻柘、攻谯，都攻下来了。起义军一路上扩充军队，等到达陈郡城郊时，兵车已经有了六七百辆，骑兵有一千多，步兵已有好几万人了。于是进攻陈郡，当时陈郡的郡守和陈县的县令都不在，只有留守的郡丞在城门下抵抗战死。陈胜顺利地占据陈郡。过了几天，陈胜召集郡中各县的三老、豪杰都来开会。三老、豪杰们说："将军披坚执锐为百姓讨伐暴秦，重建起楚国政权，如此大功，应当称王。"于是陈胜自立为王，国号"张楚"。

扩展阅读

至正庚寅间[①]，参议贾鲁，以当承平之时无所垂名[②]，欲立事功于世，首劝脱脱丞相开河北水田[③]，务民屯种；又劝其造至正交钞[④]，楮币窳恶[⑤]，物价腾贵。及河决南行[⑥]，又劝脱相求夏禹故道[⑦]，开使北流，身专其任[⑧]。濒河起集丁夫二十六万余人[⑨]，朝廷所降食钱[⑩]，官吏多不尽给[⑪]，河夫多怨。韩山童等因挟诈[⑫]，阴凿石人[⑬]，止开一眼，镌其背曰[⑭]："莫道石人一只眼，此物一出天下反。”预当开河道埋之。掘者得之，遂相为惊诧而谋乱。是时天下承平已久，法度宽纵，人物贫富不均，多乐从乱。曾不旬月[15]，从之者殆数万人，以赵宋为名[16]，韩山童诈称徽宗九世孙[17]，当时贫者从乱如归。朝廷发师诛之，虽即擒获，而乱阶成矣[18]。后其党毛会、田丰、杜遵道等复奉其子为主[19]，寇掠汴、汝、淮、泗之间[20]，死者成积，中原丘墟。

（叶子奇《草木子》）

【注释】

①至正：元顺帝的第三个年号（1341—1368）。　庚寅：即至正十年，公元1350年。

②承平：太平。　垂名：留名。

③脱脱：蒙古人，元顺帝的丞相。

④至正交钞：至正年间所发行的一种纸币。

⑤楮（chǔ）币：纸币。楮，造纸用的木材。　窳（yǔ）恶：质量低劣。

⑥河决南行：黄河在河南东部决口，河水向南流去。

⑦夏禹故道：相传远古大禹所开的黄河水道，自今河南浚县西南的大伾山古宿胥口北上入河北，在天津东南入海。

⑧身专其任：贾鲁专管此事。

⑨濒河：沿黄河两岸。

⑩降：发下。

⑪不尽给：不全部发给修河的劳工。

⑫韩山童：元末农民起义军“白莲教”，也称“红巾军”的首领。

⑬阴：暗中。

⑭镌：刻。

⑮不旬月：不到一个月的时间。

⑯赵宋：已经灭亡的北宋、南宋王朝。

⑰徽宗：北宋时期的倒数第二个皇帝，公元1101—1125年在位。

⑱乱阶：后人继续作乱的基础。

⑲其子：韩林儿，继承其父的事业，曾建立“宋”政权，被称作“小明王”，坚持达十二年之久。

⑳汴、汝、淮、泗：四条河水的流域，约当今之河南东部，和与之邻近的江苏西部、安徽北部一带。

【译文】

元顺帝至正十年，参议官贾鲁因太平年代难以出众扬名，寻求搞一些大的举动，他首先怂恿丞相脱脱在河北开发水田，招募百姓前去耕种；又怂恿脱脱发行一种新纸币，由于币纸恶劣易损，导致物价飞涨。后来又因黄河向南决口，于是贾鲁又提议寻找当年大禹疏凿的黄河故道，引导河水北流，他自己身当此任。当时从黄河两岸征集来的民工多达二十六万人，朝廷给他们发下来的饭钱，被掌管开河的官吏层层克扣，惹得民工愤怨。于是韩山童等遂暗中凿制了一个石人，只有一只眼睛，背后刻着“莫道石人一只眼，此物一出天下反”十四个字，把它埋在开河必然会开到的地方。结果石人果然被民工们挖出来了，于是民工中就掀起一片恐慌骚乱，进而图谋造反。太平日子已经过了很久了，法律废弛，贫富悬殊，很多人都盼着动乱，因此不到一个月的时间，跟着造反的就达到几万人。起义军以恢复赵宋王朝为口号，韩山童自称是宋徽宗的九世孙。当时的穷人们投奔起义军乐得像回家一样。朝廷发兵清剿，虽然擒获、杀掉了不少人，却给更大规模的农民起义奠定了基础。后来韩山童的党羽毛会、田丰、杜遵道等又拥戴韩山童的儿子韩林儿为王，大规模地活动在汴水、汝水、淮水、泗水四条河的流域，这一带被杀的尸体堆积，大地一片荒芜。

点评

《陈涉起义称张楚》选自《史记》的《陈涉世家》。《陈涉世家》写了陈涉于秦二世元年七月揭竿起义，前后历时六个月，即被秦将章邯打败杀死的过程。司马迁特别看重陈涉的首先发难之功。他说：“陈胜虽已死，其所置遣侯王将相竟亡秦，由涉首事也。”于是他把陈涉列为“世家”，把陈涉与汤、武、孔子相比。这里一方面是出于刘邦、项羽都是跟在陈涉后面起事反秦的，陈涉对于汉王朝的建立有开辟道路之大功。除此之外，我们还要看到四点：其一是出于司马迁的进步历史观，他同情下层人民，重视下层人民的力量，而不迷信“君权神授”；其二是出于汉初进步思想家的影响，如贾谊的《过秦论》即推崇陈涉，将灭秦之功归之陈涉；其三是司马迁敬佩陈涉等在生死关头的勇敢抉择。这种思想突出地表现在我们所选的这段文字中。当陈涉等遇雨失期，失期按律当斩时，陈涉说：“今亡亦死，举大计亦死，等死，死国可乎？”又说：“王侯将相宁有种乎？”这是司马迁人生观、价值观的绝好表现。他在《廉颇蔺相如列传》里说：“知死必勇，非死者难也，处死者难。方蔺相如引璧睨柱，及叱秦王左右，势不过诛，然士或怯懦而不敢发。相如一奋其气，威信诸侯；退而让颇，名重太山，其处智勇，可谓兼之矣。”应该比较参照。其四是司马迁突出描写了农民战争铺天盖地、移山倒海、势如疾风骤雨的情势。如：“攻大泽乡，收而攻蕲。蕲下，乃令符离人葛婴将兵徇蕲以东。攻铚、酂、苦、柘、谯皆下之。行收兵，比至陈，车六七百乘，骑千余，卒数万人。”这是何等无坚不摧的气势！陈涉发动起义的智慧，为其后的历代农民起义领袖所仿效，元末韩山童的做法几乎与陈涉一模一样，真可谓源远流长。

项羽巨鹿收章邯

项羽已杀卿子冠军①，威震楚国，名闻诸侯。乃遣当阳君、蒲将军将卒二万渡河②，救巨鹿③。战少利，陈余复请兵④。项羽乃悉引兵渡河，皆沉船，破釜甑⑤，烧庐舍⑥，持三日粮，以示士卒必死，无一还心。于是至则围王离⑦，与秦军遇，九战，绝其甬道⑧，大破之，杀苏角，虏王离。涉间不降楚⑨，自烧杀。当是时，楚兵冠诸侯⑩。诸侯军救巨鹿者十余壁⑪，莫敢纵兵。及楚击秦，诸将皆从壁上观。楚战士无不一以当十，楚兵呼声动天，诸侯军无不人人惴恐⑫。于是已破秦军，项羽召见诸侯将，诸侯将入辕门，无不膝行而前，莫敢仰视。项羽由是始为诸侯上将军，诸侯将皆属焉。

章邯军棘原⑬，项羽军漳南⑭，相持未战。……（章邯）欲约⑮，约未成。项羽使蒲将军日夜引兵度三户⑯，军漳南，与秦战，再破之。项羽悉引兵击秦军汙水上⑰，大破之。

章邯使人见项羽，欲约。项羽召军吏谋曰："粮少，欲听其约。"军吏皆曰："善。"……乃立章邯为雍王[18]，置楚军中。使长史欣为上将军[19]，将秦军为前行[20]。

（《项羽本纪》）

【注释】

①杀卿子冠军：指杀掉宋义。“卿子冠军”意即“显耀的大将”。楚怀王在彭城对义军进行整编后，派刘邦率南路军西下入关，攻咸阳；派宋义率领北路军救赵，项羽是宋义的部将，中途杀了宋义，夺得兵权，楚怀王只好改任了项羽。

②当阳君：指黥布，项羽的部将。　蒲将军：姓蒲，史失其名。

③巨鹿：秦郡名，在今河北平乡西南。当时河北义军的头领赵王歇被围于此。另一支更强大的秦朝援军首领是章邯。

④陈余：赵王歇的部将。

⑤釜甑（zèng）：蒸饭用的瓦罐之类。

⑥庐舍：军中的帐篷之类。

⑦王离：是包围巨鹿的秦军将领，是佐秦灭楚并杀死楚将项燕

的王翦之子。

⑧甬道：秦军所筑的自章邯援军大本营至巨鹿城下秦军前线、以供应粮草兵员的两侧筑有防御工事的通道。守此甬道的是章邯的部队。

⑨涉间：与上句所提苏角，都是秦将名。

⑩诸侯：指各地前来救赵的义军。

⑪十余壁：十来座大营。

⑫惴恐：惊恐。

⑬棘原：地名，在今河北平乡南，当时漳水的北岸。

⑭漳南：漳水南岸。

⑮约：讲和归降。

⑯三户：即三户津，漳水上的渡口名，在今河北磁县西南。

⑰汙（wū）水：源出河北武安西的太行山，东南流，在临漳西注入漳水。

⑱雍王：分咸阳与其周围之地为三，咸阳以西地区为雍，都城废丘，即今陕西兴平东南。

⑲长史欣：司马欣，章邯的部将，为长史之职。长史是大将军或丞相手下的属官，为诸史之长，很有实权。司马欣曾任秦朝的栎阳县令，对项羽家有恩，故项羽重用之，令其统率章邯所归顺的秦军。

⑳前行：前行入关。

【译文】

项羽杀了卿子冠军宋义以后，威震楚国，名闻天下。于是他派当阳君、蒲将军率领两万人渡河救赵。战斗初步取得了一些胜利，陈余继续向项羽请求援助。于是项羽下令全军渡河。过河后，项羽下令把全部船只沉入河底，把全部锅碗一律砸了，把全部帐篷一律烧掉，只带三天的粮食，以此向士兵们表示一种只能前进、只能胜利而绝不能后退的决心。楚军一到巨鹿，就立即包围了王离的部队，随即与秦军开战，经过多次战斗，终于冲断了秦军的甬道，接着大破秦军，杀死了苏角，俘虏了王离。涉间不投降，自焚而死。两军交战的时候，楚兵英勇无比。当时各地来救援巨鹿的军队有十几座大营，没有一处敢出来与秦军作战。等项羽的军队与秦军交战了，各路援军的将领们都一个个站在营垒上远远观望。楚军的战士们无不以一当十，杀声震天。各路援军见到这种情景，个个吓得胆战心惊。楚军击败了秦军，项羽召见各路将领。这些将领们进辕门的时候，一个个都是跪在地上，用膝盖挪着进去的，谁也不敢抬起头来往上看一眼。从此项羽便成了诸侯们共同的上将军，各路诸侯都归项羽统辖。

这时，章邯的大营驻扎在棘原，项羽的大营驻扎在漳南，两军对峙，尚未正式开战。……章邯想要和项羽谈判定盟，结果没有谈成。于是项羽就派蒲将军日夜兼程，带兵渡过了三户津，来到了漳水南岸。蒲将军与秦军交战，秦军又失败了。于是项羽全军出动，在汙水上对秦军发起总攻，把秦军打得一败涂地。

章邯只好又派人去见项羽，请求订立盟约。项羽召集部下一道商量，说："眼下我们的粮草太少，我想接受他们的请求。"部下齐声说："好。"……于是项羽就封章邯为雍王，把他留在自己的军中，而封章邯的长史司马欣为上将军，让他统领着投降的秦军在前头开路。

扩展阅读

怀王入关自聋瞽[①]，楚人太拙秦人虎[②]。

杀人八万取汉中[③]，江边鬼哭酸风雨[④]。

项羽提戈来救赵[⑤]，暴雷惊电连天扫[⑥]。

臣报君仇子报父[⑦]，杀尽秦兵如杀草。

战酣气盛声喧呼[8]，诸侯壁上惊魂逋[9]。

项王何必为天子，只此快战千古无。

千奸万黠藏凶戾[10]，曹操朱温尽称帝[11]。

何似英雄骏马与美人[12]，乌江过者皆流涕[13]。

（郑板桥《巨鹿之战》）

【注释】

①怀王：此指战国时的楚怀王，前328—前299年在位。在他临死前一年，被秦昭王骗入函谷关劫持起来，逼他割让土地，楚怀王不答应，死在秦国。　聋瞽（gǔ）：耳聋眼瞎，意即昏聩、愚蠢。项梁、项羽、刘邦等所拥立的“楚怀王”是这个老“楚怀王”的孙子。

②虎：强盛，霸道。

③汉中：楚郡名，在今湖北的西北部与陕西的东南部。怀王十七年（前312），被秦兵攻占，楚兵被杀八万人。

④江边：汉江两岸。

⑤救赵：指项羽杀宋义夺兵权后，北救被围在巨鹿的赵王歇。

⑥暴雷惊电：比喻项羽所领楚兵之顽强与巨鹿之战的惊心动魄。

⑦臣报君仇：项羽的父、祖世代为楚将，他们的君主楚怀王先死于秦，其后楚国又被秦国所灭。今天项羽大破秦兵，从为臣的角度讲，是为先君报了国仇。　子报父：项羽的爷爷项燕是楚国最后的名将，被秦将王翦所杀；项羽的叔叔项梁是后一个楚怀王的大将，被秦将章邯所杀。今天项羽在巨鹿大破秦兵，杀了秦将王离，王离是王翦的儿子。从晚辈的角度讲，项羽是为他的父祖报了家仇。

⑧声喧呼：司马迁写巨鹿之战有所谓“楚战士无不一以当十，楚兵呼声动天”，此演绎其意。

⑨惊魂逋：被吓得魂飞魄散。

⑩千奸万黠藏凶戾：大意是说有许多奸诈凶狠的小人也能通过不光彩的手段获得成功。

⑪曹操：东汉末年的军阀，通过挟天子以令诸侯的手段打败群雄，其子篡位称魏。 朱温：唐朝末年的军阀，最后篡位称帝，国号梁。两人被古人视为极不光彩的角色。

⑫骏马、美人：项羽在垓下悲慨作歌中有所谓“时不利兮骓不逝”，又有所谓“虞兮虞兮奈若何”，此用其事。

⑬乌江：项羽最后被杀之地，名曰乌江浦，在今安徽和县东南的长江边上。

【说明】

郑板桥名燮（xiè），号板桥。清代前期的著名画家、书法家与诗人，“扬州八怪”之一，著有《郑板桥集》。《巨鹿之战》是作者路过乌江时的怀古之作，前四句写旧时楚国的屈辱与被秦所灭的国恨家仇，中间八句写项羽巨鹿之战的慷慨豪迈之气与其不朽的历史功勋，最后四句歌颂项羽光明磊落的人格和他那种与世长存的英风豪气。本诗笔力千钧，酣畅淋漓，亦足称不朽。

点　评

《项羽巨鹿收章邯》选自《史记》的《项羽本纪》。《项羽本纪》写了项羽由起兵反秦，到楚汉之战，终至败死乌江的全过程。项羽的最大长处在于战场上的勇猛搏杀，斩将搴旗；项羽的致命短处在于他的头脑简单，缺乏谋略，不会用人、不懂得建立统一战线等等，项羽的最后失败是不可避免的。所选文段恰好表现了项羽这位军事天才能征善战的一面。而项羽所以被称为英雄，关键就在于这场著名的“巨鹿收章邯”。这段文字虽然不长，但项羽作战的艰苦卓绝、勇猛豪迈却表现得淋漓尽致。宋代刘辰翁说：“叙巨鹿之战，踊跃振动，极羽平生。”明代茅坤说：“项羽最得意之战，太史公最得意之文。”钱锺书说：“数语有如火如荼之观。” 台湾学者说：“项羽军事上之英卓，与西方拿破仑颇为相类，彼常采内线作战，驱其精锐之楼烦骑兵，进行突击战法，故所当者无不破灭，经常在战斗上收速战速决之功。”（《中国历代战争史》）

“巨鹿收章邯”的历史意义有三点：其一是消灭了秦军的主力，秦王朝从此再没有可供机动作战的大兵团了；其二是为刘邦的南线入关破秦创造了更为有利的条件；其三是促成了秦王朝内部的瓦解崩溃，使秦王朝陷入风雨飘摇之中。当刘邦打到咸阳城下时，秦王子婴就只有率众投降这一条路了。入关破秦，首先接受秦王投降的是刘邦，但消灭秦军主力，使秦王朝彻底崩溃却是项羽的功劳。这就是为什么尽管项羽被刘邦打败了，而自古以来人们还歌颂项羽的原因。

刘邦入关灭秦朝

秦二世三年[①]，楚怀王见项梁军破[②]，恐，徙盱眙，都彭城[③]，并吕臣、项羽军自将之[④]。以沛公为砀郡长[⑤]，封为武安侯，将砀郡兵。封项羽为长安侯，号为鲁公[⑥]。吕臣为司徒[⑦]，其父吕青为令尹[⑧]。

赵数请救[⑨]，怀王乃以宋义为上将军[⑩]，项羽为次将，范增为末将[⑪]，北救赵。令沛公西略地入关[⑫]。与诸将约，先入定关中者王之[⑬]。

当是时，秦兵强，常乘胜逐北[⑭]，诸将莫利先入关。独项羽怨秦破项梁军，奋，愿与沛公西入关。怀王诸老将皆曰："项羽为人僄悍猾贼[⑮]。项羽尝攻襄城[⑯]，襄城无遗类[⑰]，皆坑之，诸所过无不残灭。且楚数进取[⑱]，前陈王、项梁皆败[⑲]。不如更遣长者扶义而西[⑳]，告谕秦父兄。秦父兄苦其主久矣，今诚得长者往，毋侵暴，宜可下。今项羽僄悍，今不可遣。独沛公素宽大长者，可遣。"卒不许项羽，而遣沛公西略地，收陈王、项梁散卒。乃道砀至成阳[㉑]，与杠里秦军夹壁[㉒]，破秦二军。

【注释】

①秦二世三年：前207年。

②楚怀王：此指项梁等所立之楚王熊心，为了用以唤起遗民的思楚之情，故用其祖之谥以号之。 项梁军破：项梁在起义军破杀三川郡的郡守李由后，骄傲轻敌，被秦将章邯所破杀。

③徙盱眙（xū yí），都彭城：将起义军的大本营更迁向西北前线。盱眙，起义军大本营之所在地，即今江苏盱眙。彭城，即今江苏徐州。

④吕臣：原是陈涉的部将，陈涉死后归投项梁。 项羽：项梁之侄。项梁因骄傲自大，兵败身死，故项羽的兵权也连带被楚怀王所夺。

⑤砀（dàng）郡长：砀郡的郡治睢阳，即今河南商丘。

⑥鲁公：鲁县的县长，鲁县即今山东曲阜。

⑦司徒：古官名，掌管教化。

⑧令尹：楚官名，职同丞相。

⑨赵数请救：河北邯郸一带的义军首领赵王歇被秦将王离、章邯等所围，连连向楚怀王求救。

⑩宋义：曾在以前的楚国任高官，此时为楚怀王的谋士。 上将军：当时最高的武官名。

⑪范增：项梁、项羽的谋士。

⑫入关：指攻入函谷关。函谷关在今河南三门峡西，是当时秦朝根据地东面的门户。

⑬关中：指今陕西的渭水平原，西有散关、东有函谷关，故称关中，是战国时秦国的地盘。

⑭逐北：追击败兵。北，意思同“背”，败。

⑮僄（piào）悍猾贼：意为“勇猛凶残”。

⑯襄城：秦县名，即今河南襄城。

⑰无遗类：杀得一个不留。

⑱数进取：指多次派兵西进。

⑲陈王、项梁皆败：陈涉曾派周文率兵攻至咸阳东南，后来项梁又派兵攻至三川郡西，皆被章邯所破。

⑳长者：厚道人，仁义之人。　扶义：仗义，一切行事以仁义为本。

㉑道砀至成阳：经由砀县北至成阳。成阳，也作“城阳”，今山东鄄城东南。

㉒杠里：秦县名，在当时的成阳县西。　夹壁：犹言“对垒”。

【译文】

秦二世三年，楚怀王见项梁的军队被打垮，非常恐慌，就把大本营从盱眙迁到了彭城，并将吕臣和项羽的军队合并，收归自己统领。他任命刘邦为砀郡长，封为武安侯，让他统领砀郡的军队。他封项羽为长安侯，号称鲁公。任命吕臣为司徒，吕臣父亲吕青作令尹。

被围困的赵王歇连连向楚军求救，于是怀王就任命宋义为上将军，项羽为次将，范增为末将，让他们北上救赵。同时命令刘邦向西攻城略地，直逼关中。楚怀王与各路将领约定，谁先占领关中谁就做关中王。

当时，秦军的势力很大，常常打败起义军，因此许多将领都不愿意先往关中打。唯独项羽因为痛恨秦军破杀项梁，所以一再请战，希望能和刘邦一道入关。怀王的老将们都说：“项羽勇猛狠毒，他攻下襄城后，没留一个活口，将满城百姓尽皆坑杀。凡是他所到过的地方，没有一处不遭彻底毁灭。此前陈胜、项梁的几次西进全都失败了，这次应改派一个宽厚的长者以仁义之心率军西进，去向秦国父老讲清道理。秦国父老吃他们君主的苦头已经很久了，今天如果真有个宽厚长者前去，不用暴力，关中是会攻下的。项羽为人凶暴，不能派他去；只有刘邦是宽厚的长者，应该派他领兵西进。”怀王最后没有派项羽，而是派沛公率兵西进，一路上收编陈胜、项梁的散兵，经由砀县直达成阳，与驻扎杠里的秦军对垒，随后很快击败了两支秦军。

当是时，赵别将司马卬方欲渡河入关[①]，沛公乃北攻平阴[②]，绝河津[③]。南，战雒阳东[④]，军不利。还至阳城[⑤]，收军中马骑[⑥]，与南阳守齮战犨东[⑦]，破之。略南阳郡[⑧]，南阳守齮走保城守宛[⑨]。沛公引兵过而西[⑩]。张良谏曰："沛公虽欲急入关，秦兵尚众，距险。今不下宛，宛从后击，强秦在前，此危道也。"于是沛公乃夜引兵从他道还，更旗帜，黎明[⑪]，围宛城三匝[⑫]。南阳守欲自刭，其舍人陈恢曰："死未晚也[⑬]。"乃逾城见沛公，曰："臣闻足下约，先入咸阳者王之。今足下留守宛[⑭]，宛，大郡之都也，连城数十，人民众，积蓄多，吏人自以为降必死，故皆坚守乘城[⑮]。今足下尽日止攻[⑯]，士死伤者必多；引兵去宛[⑰]，宛必随足下后[⑱]。足下前则失咸阳之约，后又有强宛之患。为足下计，莫若约降，封其守，因使止守[⑲]，引其甲卒与之西。诸城未下者，闻声争开门而待，足下通行无所累[⑳]。"沛公曰："善。"乃以宛守为殷侯[㉑]，封陈恢千户[㉒]。引兵西，无不下者。至丹水[㉓]，高武侯鳃、襄侯王陵降[㉔]。还攻胡阳[㉕]，遇番君别将梅锝[㉖]，与皆，降析、郦[㉗]。遣魏人宁昌使秦[㉘]，使者未来，是时章邯已以军降项羽于赵矣[㉙]。……

及赵高已杀二世[30]，使人来，欲约分王关中[31]。沛公以为诈，乃用张良计[32]，使郦生、陆贾往说秦将[33]，啖以利[34]，因袭攻武关[35]，破之。又与秦军战于蓝田南[36]，益张疑兵旗帜，诸所过毋得掠卤，秦人熹[37]，秦军解，因大破之。又战其北，大破之。乘胜，遂破之。

【注释】

①赵别将司马卬（áng）：赵国派出的向南略地的将军司马卬。司马卬是司马迁的同族先辈，世代居赵。

②平阴：黄河上的渡口名，在今河南孟津东北。

③绝河津：封锁黄河渡口。津，渡口。司马卬欲渡河入关，刘

邦则绝河津以阻之，想独自入关称王。

④雒阳：同“洛阳”，在今河南洛阳东北部。

⑤阳城：古邑名，即今河南登封东南之告城镇。

⑥收军中马骑：集中军中的马匹，组成一支强有力的骑兵。

⑦南阳守齮：南阳郡的郡守名齮，史失其姓。秦时的南阳郡即今河南南阳。　犨（chōu）：秦县名，在今河南鲁山东南。

⑧略：进取，开拓。

⑨宛：即今河南南阳，当时为南阳郡的郡治所在地。

⑩过而西：绕过南阳，带兵西进。

⑪黎明：同“犁明”，等到天亮。犁，及，等到。

⑫三匝：三遭，三层。

⑬死未晚也：现在还不到寻死的时候。

⑭留守宛：因围困宛城而停留下来。

⑮坚守乘城：谓登城而坚守之。乘，登。

⑯尽日止攻：留下来一天到晚地攻城。

⑰引兵去宛：意谓如果撤兵离去。

⑱随足下后：谓随您之后而攻之。足下，对听话人的敬称。

⑲封其守，因使止守：封其郡守以高爵，令其居此为您守城。

⑳通行无所累：意即通行无阻。累，牵扯，挂累。

㉑殷侯：封地在殷，即今河南淇县，是殷朝首都朝歌一带。

㉒封陈恢千户：封以千户食邑，并以“千户”为号，在列侯以下。

㉓丹水：秦县名，在今河南淅川西南，因有丹水流经其地而得名。

㉔高武侯鳃：有人说是戚鳃，但不确。高武是封地名。　襄侯王陵：王陵后封安国侯，后一度为西汉丞相。襄，也是封地名。

㉕胡阳：秦县名，在今河南唐河西南。

㉖番君别将梅锅：番君派出的将领梅锅。番君即吴芮，当时为番县（今江西波阳）县令，故称“番君”，因派兵随诸侯入关，先被项羽封为衡山王，后被刘邦封为长沙王。

㉗与皆，降析、郦：刘邦和梅鋗等一起，攻下了析、郦二县。皆，意思同“偕”。秦时的“析”即今河南西峡，秦时的“郦”在今河南镇平东北。

㉘遣魏人宁昌使秦：谓使宁昌入秦与赵高密谋勾结。

㉙章邯已以军降项羽于赵：事在秦二世三年七月。

㉚赵高已杀二世：事在秦二世三年八月。

㉛欲约分王关中：谓赵高欲和刘邦分关中为二，并立称王。

㉜乃用张良计：一是用金钱收买秦将，使其背叛秦王朝；二是虚张声势，令秦将不知刘邦军的真实兵力。

㉝郦生：名食其，刘邦的谋士。 陆贾：刘邦的谋士。

㉞啖（dàn）以利：谓以利益吸引之。啖，以食物喂人。

㉟武关：在今陕西丹凤城东四十公里。

㊱蓝田：秦县名，在今陕西蓝田西南。此处乃指峣关，在今陕西蓝田东南，也叫蓝田关。武关与蓝田关都是河南南部通往关中地区的交通要道。

㊲熹：意思同“喜”。

【译文】

这时，赵国的偏将司马卬正要渡过黄河西入函谷关，沛公为阻止他前进便北攻平阴，封锁了黄河渡口。接着沛公南下，与秦军战于洛阳城东，战败，只好退到了阳城。沛公把军中的骑兵集中起来，与南阳郡守交战于犨县城东，秦军大败。沛公进入了南阳地面，南阳郡守退入宛城据城坚守。沛公又想绕过宛城西进，张良说：“您急于入关的心情可以理解，但目前秦朝还兵多势众，并占据着许多险要地方。现在我们如不攻下宛城，日后宛城守军就会从后面袭击我们，那时前面又有强大的秦军阻挡，我们不就危险了吗？”于是沛公便在夜里领兵从另一条道上折了回来，变换了旗帜，到天亮时，把宛城密密实实地围了三层。南阳郡守一看就想自杀，他的门客陈恢说：“还不到寻死的时候。”于是他翻城而出，求见沛公说：“我听说您有约在身，先入咸阳则称王。现在您因围困宛城而停留，宛城是大郡的治所，周围有数十城镇相连，人口多，积蓄多。官员百姓都认为投降必死，所以都登城坚守。如今您如果一天到晚地攻城，也会死伤很多将士；如果您撤兵离去，宛城守军则会在背后攻打您。这样您就会耽误咸阳之约，而又有背后受敌的隐患。为您考虑，不如招纳宛城投降，您可以封南阳郡守为侯，让他继续当南阳郡守，您则带着宛城的军队一道西进。这样前面那些还在坚守的城邑，就会争着打开城门迎接您了，那时您的西进就会畅通无阻。”沛公说：“好。”于是封南阳郡守为殷侯，封陈恢千户。从此刘邦西进，所过之处没有不望风而下的。到了丹水，高武侯鳃、襄侯王陵投降。又攻胡阳，遇上番君派出的将领梅锅，刘邦和他一道攻下了析、郦二县。派遣魏人宁昌入秦，使者还未回来，这时章邯已率军投降项羽了。……

等到赵高杀掉秦二世，派人与沛公进行联络，想和沛公在关中划分地盘共同为王时，沛公又怀疑其中有诈，于是便采取了张良的计策，派郦生、陆贾前去说服秦将，以财宝引诱他们，而后趁他们松懈的时候袭击了武关，大败秦军。接着又在蓝田县南与秦军会战，这时沛公派人多插旗帜，巧布疑阵，又下令全军所到之处不准掳掠。秦人非常高兴，秦军也日益松懈，于是沛公又一次大破秦军。随后又在蓝田北大破秦军，刘邦乘胜追击，于是秦军就彻底溃败了。

汉元年十月[①]，沛公兵遂先诸侯至霸上[②]。秦王子婴素车白马[③]，系颈以组[④]，封皇帝玺符节，降轵道旁[⑤]。诸将或言诛秦王。沛公曰：“始怀王遣我，固以能宽容；且人已服降，又杀之，不祥。”乃以秦王属吏[⑥]。遂西入咸阳，欲止宫休舍，樊哙、张良谏[7]，乃封秦重宝财物府库，还军霸上。召诸县父老豪杰曰："父老苦秦苛法久矣，诽谤者族，偶语者弃市[8]。吾与诸侯约，先入关者王之，吾当王关中。与父老约，法三章耳：杀人者死，伤人及盗抵罪。余悉除去秦法。诸吏人皆案堵如故[9]。凡吾所以来，为父老除害，非有所侵暴，无恐。且吾所以还军霸上，待诸侯至而定约束耳。"乃使人与秦吏行县乡邑，告谕之。秦人大喜，争持牛羊酒食献飨军士[10]。沛公又让不受，曰："仓粟多，非乏，不欲费人。"人又益喜，唯恐沛公不为秦王。

（《高祖本纪》）

【注释】

①汉元年：刘邦称“汉王”的第一年，前206年。 十月：一年里开头的第一个月，当时的秦历规定如此。西汉前期一直使用秦历。

②霸上：地名，在今陕西西安东南，当时秦都咸阳之东南。为古代咸阳、长安附近的军事要地，因其地处于霸水西侧的高原上而得名。

③秦王子婴：二世被杀后秦朝所立的第三任皇帝。此人的身世不清，有说是始皇之孙，有说是始皇之弟。子婴即位后，不再称皇帝，而退回称秦王。子婴即位后，用计诛灭了赵高。

④系颈以组：脖子上套着绳子。“素车白马，系颈以组”是古代帝王向人投降时自己表示认罪服罪的样子。

⑤轵：即轵道亭，在今西安东北。

⑥属吏：交由主管人员看管。属，交付，委托。

⑦樊哙：刘邦的部将，吕后的妹夫。

⑧偶语：相对而语。偶，相对，相聚。

⑨案堵如故：意为“各就各位，一切照常”。案堵，也作“安堵”。

⑩献飨：即“犒劳”。飨，以酒食招待人。

【译文】

汉元年十月，沛公的军队率先来到了咸阳东南的霸上。这时已经退去帝位、重称秦王的子婴，乘着白马素车，用绳系着脖子，捧着皇帝的印信，到轵道亭向沛公投降。沛公的将领提议杀子婴，沛公说：“当初怀王之所以派我来，就是因为我待人宽厚；再说人家都已经投降了，我们还杀人家，这不吉祥。”于是就把子婴交给专人看管。自己带人进入咸阳。沛公进宫后就想住在里面，幸亏有樊哙、张良极力劝说，沛公才封起秦宫的仓库和各种珍宝，重又回到了霸上的军营。沛公把关中各县的父老乡绅找来，对他们说：“你们受秦朝酷法的罪时间很久了，秦法规定，敢说秦朝坏话的灭族，相聚议论国事的杀头。我们各路将领在东方出发前就已约定好，谁先打入关中谁就当关中王，根据这个约定，我是应该当关中王的。现在我与诸位约法三条：杀人者偿命，伤人及偷人东西的各自按情节定罪。其他秦法的条款一概废除。各级官吏都各回岗位，照常办公。我们到这里来是为父老们除害的，绝不损害大家，请大家不要怕。我之所以带领人马回到霸上，就是为了等候其他各路将领到来，共同商定日后的办法。”随后他派人跟着各地的官吏到各县各乡去向人们说明他的这番意思。秦人听了都很高兴，大家纷纷带着牛羊酒饭来慰劳沛公的军队。沛公推辞不要，说：“仓库里有的是粮食，我们什么都不缺，不能再让大家破费了。”于是人们更高兴了，唯恐日后不让刘邦当关中王。

扩展阅读

羽乃立章邯为雍王①，置军中②。使长史欣为上将，将秦军行前③。汉元年，羽将诸侯兵三十余万，行略地至河南④，遂西到新安⑤。异时诸侯吏卒徭役屯戍过秦中⑥，秦中遇之多无状⑦；及秦军降诸侯，诸侯吏卒乘胜奴虏使之，轻折辱秦吏卒⑧。吏卒多窃言曰：“章将军等诈吾属降诸侯，今能入关破秦⑨，大善；即不能⑩，诸侯虏吾属而东⑪，秦又尽诛吾父母妻子。”诸将微闻其计⑫，以告羽。羽乃召黥布、蒲将军计曰：“秦吏卒尚众，其心不服，至关不听⑬，事必危。不如击之，独与章邯、长史欣、都尉翳入秦⑭。”于是夜击坑秦军二十余万人⑮。……

【注释】

①章邯：原秦将，巨鹿之战后投降项羽。　雍王：封地在当时的咸阳以西，古雍州之地。

②置军中：暂时不令带兵。

③行前：在前面向函谷关进发。

④行略地：一面前进，同时在扩大、占领地盘。

⑤新安：秦县名，在今河南渑池城东。

⑥异时：昔日，指秦朝统治时期。　诸侯吏卒：指东方起义军的将士，即项羽的老部下。　徭役屯戍：指被征调服徭役或屯守边地。　秦中：汉时人们对关中地区的习惯称呼。

⑦遇：对待。　无状：不礼貌，不像话，指歧视、虐待。

⑧轻折辱：随随便便地侮辱。轻，随意，不当一回事。

⑨能入关破秦：能入关，能打败秦朝。这些士兵当时还没有听到刘邦已经灭秦的消息，故心有此虑。

⑩即不能：如果不能打败秦王朝。即，若。

⑪虏吾属：裹挟着我们。

⑫微闻其计：隐隐约约地听到了他们的这些议论。计，计议，议论。

⑬不听：不听指挥，意即叛变。

⑭都尉翳：即董翳，原在章邯部下任都尉，此时已投降项羽。都尉，军职名，其地位略低于将军。

⑮夜击坑秦军二十余万人：此事发生在汉元年（前206）的十一月，在刘邦已进驻秦都咸阳的一个月之后。

【译文】

项羽就封章邯为雍王，把他留在自己的军中，而封章邯的长史司马欣为上将军，让他统领着秦军在前头给自己开路。汉王元年，项羽率领着大军三十万扩大地盘进入黄河以南，到达了新安。过去东方人到关中当兵服徭役时，往往遭到关中人的歧视；现在秦兵投降了东方诸侯，于是东方的官兵们也就乘机反过来把他们看作奴隶，随随便便地凌辱他们。这时有些投降的士兵就悄悄议论说：“章将军骗我们投降了东方诸侯，现在如果我们真能打进关去灭了秦朝，那当然是很好了；如果进不了关、灭不了秦，那时诸侯们就会裹挟着咱们一起回东方，到那时秦朝就必然要把我们的父母妻儿统统杀光了。”这些话被楚军将士听到了，报告到项羽这儿。项羽立刻把黥布、蒲将军找来商量：“现在秦军的人数还很多，他们对我们也不服气，等到进关后他们万一不听指挥，那局面就危险了。不如现在就把他们全杀了，只带着章邯、司马欣和董翳三个人进关。”于是当夜就在新安城南把二十几万秦朝降兵统统活埋了。

后数日，羽乃屠咸阳，杀秦降王子婴，烧其宫室，火三月不灭；收其宝货，略妇女而东[①]。秦民失望。于是韩生说羽曰：“关中阻山带河[②]，四塞之地[③]，肥饶，可都以伯[④]。”羽见秦宫室皆已烧残，又怀思东归，曰：“富贵不归故乡，如衣锦夜行。”韩生曰：“人谓楚人沐猴而冠[⑤]，果然。”羽闻之，烹韩生。

初，怀王与诸将约，先入关者王其地。羽既背约，使人致命于怀王[⑥]。怀王曰：“如约[⑦]。”羽乃曰：“怀王者，吾家武信君所立耳[⑧]。非有功伐[⑨]，何以得颛主约[⑩]？天下初发难，假立诸侯后以伐秦[⑪]。然身被坚执锐首事[⑫]，暴露于野三年[⑬]，灭秦定天下者，皆将相诸君与籍之力也。怀王无功，故当分其地王之[⑭]。”诸将皆曰：“善。”羽乃阳尊怀王为义帝，曰：“古之王者，地方千里，必居上游。”徙之长沙[⑮]，都郴[⑯]。

乃分天下以王诸侯。羽与范增疑沛公[⑰]，业已讲解[⑱]，又恶负约[⑲]，恐诸侯叛之。阴谋曰[⑳]：“巴、蜀道险[㉑]，秦之迁民皆居之[㉒]。”乃曰：“巴、蜀亦关中地[㉓]。”故立沛公为汉王，王巴、蜀、汉中[㉔]。而三分关中，王秦降将以距塞汉道[㉕]。……羽自立为西楚伯王[㉖]，王梁楚地九郡[㉗]，都彭城。

（《汉书·陈胜项籍传》）

【注释】

①略：意思同“掠”。

②阻山：以山为屏障。关中南有秦岭。　带河：以河为带。关中东有黄河。

③四塞：四面都有关塞。

④可都以伯：在关中建都，可以成为霸主。伯，意思同“霸”。

⑤沐猴而冠：意谓沐猴纵使戴上人帽子，也始终办不成人事。沐猴，猕猴。

⑥致命于怀王：向楚怀王禀告关中的情况。

⑦如约：按旧有的约定办，即“谁先入关谁为关中王”。

⑧武信君：指项梁。项梁生前号武信君。

⑨功伐：即指功勋。伐，也是“功”的意思。

⑩颛（zhuān）主约：独立地主持分封。颛，这里同“专”。

⑪假立诸侯后：临时拥立一些六国诸侯的后代。

⑫身：亲自。　首事：挑头造反。

⑬暴露：整天生活在日晒雨淋之中。

⑭故当：同“固当”，本来就该。

⑮长沙：秦郡名，郡治即今湖南长沙。

⑯郴（chēn）：秦县名，即今湖南郴州。

⑰疑沛公：担心刘邦会夺得天下而称帝，因此想方设法除掉他。

⑱业已讲解：指鸿门宴上已经和解。

⑲又恶负约：又不愿背着一个违抗楚怀王约定的恶名。

⑳阴谋：暗中商量。

㉑巴、蜀：皆秦郡名，巴郡辖今重庆一带，蜀郡辖今四川西部。

㉒迁民：被流放、发配的人。

㉓巴、蜀亦关中地：巴、蜀亦处于函谷关之西，自战国时已属秦，故项羽等可以这样说。

㉔王巴、蜀、汉中：项羽最初封给刘邦的地盘只有巴、蜀，后刘邦贿赂项伯，项伯劝说项羽，才又将汉中给了刘邦。汉中，秦郡名，辖今陕西秦岭以南地区，郡治南郑。

㉕王秦降将：封章邯为雍王，封司马欣为塞王，封董翳为翟王。　距塞汉道：堵塞刘邦自秦岭北出的几条通道，如子午

道、褒斜道、陈仓道等。

㉖西楚伯王：旧称江陵为南楚，吴为东楚，彭城为西楚。项羽建都于彭城，故称“西楚霸王”。伯王，略同于春秋时期的霸主，即“诸侯盟主”的意思。

㉗王梁楚九郡：项羽之九郡大致相当于战国时梁国和楚国的部分地区，即今河南东部、山东西南部和安徽、江苏的大部分地区。

【译文】

又过了几天，项羽带兵西进，血洗咸阳城，杀了已经投降的秦王子婴，烧毁了秦朝的宫殿，熊熊大火一直烧了三个月。而后他席卷了秦朝的一切财宝，虏掠着大批妇女，向东撤去。秦国人对此大失所望。有个姓韩的先生劝项羽：“关中地区有高山大河为屏障，四面都有关塞，土地肥沃，如果建都在这里可以成就霸业。”项羽看着秦朝的宫殿都已烧成了一片瓦砾，加上他怀念故乡想东归，就说：“富贵了如果不回故乡，那就好比穿着锦绣的衣裳在夜里行走。”韩先生感叹地说：“都说楚国人目光短浅，就像一只猴子，即使戴上帽子，也始终成不了人，一点不假。”项羽听了立刻把韩先生抓起来，煮死了。

当初怀王与大家约定过，谁首先打入关中谁就在那里称王。项羽不承认这个规定，又派人去向怀王请示。怀王说：“按着原来的约定办。”项羽对人们说：“楚怀王是我叔叔武信君立的，没有任何功劳，他有什么资格主持分封呢？当初起事的时候，曾立了一些六国的后人，但真正冲锋陷阵、风餐露宿、野战三年推翻秦王朝的，是你们诸位和我。尽管怀王没有功劳，我们还是应当分给他一块地盘，让他称王。” 大家都说：“对。”项羽就假意地尊楚怀王为义帝，说：“古代帝王，都是国土千里，建都在河水上游。”于是就强制楚怀王搬到长沙郡，建都郴县。

项羽为诸侯划分土地，封他们为王。项羽和范增担心将来整个天下落入刘邦之手，但由于已经与他讲和了，同时又不好公开违抗楚怀王的约定，怕引起诸侯们反对，私下谋划说：“巴、蜀地区山路险远，是过去秦朝流放罪人的地方。”于是对刘邦说：“巴、蜀也是关中管辖的一部分。”就封刘邦为汉王，统管巴、蜀、汉中三个郡。而把真正的关中平原分为三块，分给秦朝的三个降将，让他们堵住刘邦的出路。……项羽自立为西楚霸王，统辖梁楚一带的九个郡，定都彭城。

点评

《刘邦入关灭秦朝》选自《史记》的《高祖本纪》。《高祖本纪》记述了刘邦斩蛇起义、入关灭秦、楚汉相争、打败项羽、建号称帝，以及诛杀功臣、稳定汉初局面的全过程。作者对于刘邦取得成功的一切优胜之处，如顺应民心、知人善任、刚柔并济、恩威兼施等，一一作了生动的描绘，说明了刘邦的成功绝非偶然。刘邦是我国古代第一个被描写得如此生动、如此贴近现实生活的、具有典型意义的天才政治家与地痞流氓高度统一融合的形象。我们这里所选的文段虽然只有一千多字，却鲜明地塑造了刘邦杰出政治家的典型形象：其一，他能审时度势、顺应民心，不失时机地争取到百姓的拥护，这点特别表现在他的废秦苛政与约法三章上；其二，他多谋能听、从谏如流，从而化解矛盾、转危为安，这点特别表现在听取张良、陈恢、樊哙等人的意见上；其三，不扰民、不杀降，一派宽厚祥和的气象，这点特别表现在对待秦国的降王、官吏与秦地的百姓上。最终赢得了“秦人喜”“秦人益喜”“秦人大喜”“唯恐沛公不为秦王”的大好局面。司马迁在《史记》中写刘邦本来是多有挑剔、厌恶之情的，唯其写刘邦入关一段，衷心称赞。

韩信垓下破项羽

当此时，项羽数击彭越等[①]，齐王信又进击楚[②]。项羽恐，乃与汉王约，中分天下，割鸿沟而西者为汉[③]，鸿沟而东者为楚。项王归汉王父母妻子[④]，军中皆呼万岁，乃归而别去[⑤]。

项羽解而东归。汉王欲引而西归，用留侯、陈平计[⑥]，乃进兵追项羽，至阳夏南止军[⑦]，与齐王信、建成侯彭越期会而击楚军[⑧]。至固陵[⑨]，不会[⑩]。楚击汉军，大破之。汉王复入壁，深堑而守之。用张良计[⑪]，于是韩信、彭越皆往。及刘贾入楚地[⑫]，围寿春[⑬]，汉王乃使使者召大司马周殷举九江兵而迎武王[⑭]，行屠城父[⑮]，随刘贾、齐梁诸侯皆大会垓下[⑯]。

五年[⑰]，高祖与诸侯兵共击楚军[⑱]，与项羽决胜垓下。淮阴侯将三十万自当之，孔将军居左[⑲]，费将军居右[⑳]，皇帝在后[㉑]，绛侯、柴将军在皇帝后[㉒]。项羽之卒可十万。淮阴先合，不利，却；孔将军、费将军纵[㉓]，楚兵不利。淮阴侯复乘之[㉔]，大败垓下。项羽卒闻汉军之楚歌[㉕]，以为汉尽得楚地，项羽乃败而走，是以兵大败。使骑将灌婴追杀项羽东城[㉖]，斩首八万[27]，遂略定楚地。鲁为楚坚守不下[28]，汉王引诸侯兵北[29]，示鲁父老项羽头，鲁乃降。遂以鲁公号葬项羽谷城[30]。

（《高祖本纪》）

【注释】

①彭越：活动在山东巨野一带的起义军，本来是一支独立部队，不属任何人，此时受刘邦拉拢，已成为协助刘邦打击项羽的同盟军。经常活动在项羽的后方，拉着项羽两头跑。

②齐王信：韩信，刘邦的大将，前曾破魏、破代、破赵、降燕，又于前一年灭齐，被刘邦封为齐王。　进击楚：从东方攻击项羽，使项羽东西两面受敌。

③鸿沟：战国时魏国开凿的沟通黄河与淮水的运河，北起荥

阳，东经中牟、开封，南流至沈丘入颍水，颍水又入淮水。

④归汉王父母妻子：汉王的父母妻子在三年前刘邦在彭城惨败时，被项羽俘去，一直关押在此。

⑤乃归而别去：意思含混，可指“汉王父母妻子”，亦可指刘、项结约之双方。时为汉四年（前203）的九月。

⑥用留侯、陈平计：张良、陈平劝刘邦趁项羽衰败无备，进兵一举消灭之，勿使东山再起。

⑦阳夏：秦县名，即今河南太康。

⑧期会：约期会师。

⑨固陵：秦县名，在当时的阳夏县南。

⑩不会：谓韩信等诸路人马到期不至。

⑪张良计：张良劝刘邦给韩信、彭越等预划地盘，令其各自为战。

⑫刘贾：刘邦的部将。

⑬寿春：即今安徽寿州，当时为九江郡的郡治所在地。

⑭周殷：原是项羽的部将，官任大司马，在被刘贾围困于寿春的时候被刘邦招降。　迎武王：即迎回九江王黥布。黥布原是项羽的部将，封九江王，此时已改投在刘邦部下。

⑮行屠城父：黥布等前进中顺势屠灭了城父县（在今安徽亳州东南）。

⑯齐梁诸侯：齐指韩信，梁指彭越。　垓下：古邑名，在今安徽灵璧东的沱河北岸。

⑰五年：前202年。

⑱诸侯兵：包括刘邦的各路部将，也包括刘邦的同盟军。

⑲孔将军：名熙，韩信的部将，后封蓼侯。

⑳费将军：陈贺，韩信的部将，后封费侯。

㉑皇帝：指刘邦，然刘邦此时尚未称帝。

㉒绛侯：周勃，刘邦的开国元勋，吕后、文帝时任太尉、丞相。　柴将军：名武，后封棘蒲侯。

㉓纵：发起攻击。

㉔复乘之：正面部队转身又杀了回来。

㉕楚歌：楚地的歌谣。

㉖灌婴：韩信的部将，时为骑兵统领。

㉗斩首八万：此统合垓下之战言之。

㉘鲁：秦县名，即今山东曲阜。

㉙北：北上至鲁。

㉚谷城：古邑名，在今山东平阴西南。

【译文】

当时，项羽几次攻打彭越等，如今韩信又南下逼近楚境，项羽害怕了，遂与刘邦订立条约，把天下一分为二，鸿沟以西归刘邦，鸿沟以东归项羽。项羽把刘邦的父母与刘邦的妻子放了回去，刘邦军中欢呼万岁，于是楚、汉双方各自撤军而回。

项羽撤兵东走，刘邦原也想撤兵西回，后来听了张良、陈平的计谋，遂背约进兵追击项羽，一直追到阳夏县南。刘邦本来是和齐王韩信、建成侯彭越等约好共同进击项羽，结果等刘邦到达固陵时，韩信、彭越等的兵马都没到。项羽掉头回击刘邦，刘邦又被打得大败。刘邦躲进营盘，坚守不出。后来用了张良的计策，才把韩信、彭越等都召了过来。在此以前刘贾已经率军进入楚地，包围了寿春。刘邦又派人去游说项羽的大司马周殷，让他带着九江兵迎回了原来的九江王黥布。他们在北上途中血洗了城父县，跟着刘贾和齐梁地区的诸侯们共同把项羽包围在垓下。

汉王五年，刘邦和各路诸侯与项羽决战于垓下。韩信率兵三十万正面迎战楚军，孔将军在左翼，费将军在右翼。刘邦在韩信的后面，周勃、柴武在刘邦的后面。这时项羽的军队大约还有十万人。韩信在正面先对项羽发起攻击，但很快做出不敌的样子向后撤退。这时孔将军、费将军从两翼夹击，楚军形势不利。这时韩信又回军从正面压了过来，三面合围，大破楚军于垓下。项羽的士兵夜间听到汉军唱的都是楚地歌谣，以为楚地都被刘邦占领了，所以项羽溃败逃走，楚军遂不可收拾。刘邦派骑将灌婴追杀项羽于东城，整个战役杀死楚军八万人，楚地全部平定，只有鲁县还为项羽坚守。刘邦带着各路大军到达鲁县，拿着项羽的人头给鲁县的人们看，人们这才投降了刘邦。因为项羽曾被楚怀王封为鲁公，所以就以鲁公的名号把项羽葬在了谷城。

扩展阅读

冬，十月[①]，汉王追项羽至固陵，与齐王信、魏相国越期会击楚；信、越不至，楚击汉军，大破之。汉王复坚壁自守，谓张良曰：“诸侯不从[②]，奈何？”对曰：“楚兵且破，二人未有分地[③]，其不至固宜。君王能与共天下[④]，可立致也。齐王信之立[⑤]，非君王意[⑥]，信亦不自坚[⑦]；彭越本定梁地[⑧]，始，君王以魏豹故，拜越为相国[⑨]，今豹死[⑩]，越亦望王，而君王不早定。今能取睢阳以北至谷城皆以王彭越[⑪]，从陈以东傅海与齐王信[⑫]。信家在楚[⑬]，其意欲复得故邑。能出捐此地以许两人，使各自为战，则楚易破也。”汉王从之。于是韩信、彭越皆引兵来[⑭]。

十一月，刘贾南渡淮，围寿春，遣人诱楚大司马周殷。殷畔楚，以舒屠六，举九江兵迎黥布，并行屠城父，随刘贾皆会[⑮]。

十二月，项王至垓下，兵少，食尽，与汉战不胜，入壁；汉军及诸侯兵围之数重。项王夜闻汉军四面皆楚歌，乃大惊曰：“汉皆已得楚乎？是何楚人之多也？”则夜起，饮帐中，悲歌慷慨，泣数行下；左右皆泣，莫能仰视。于是项王乘其骏马名骓，麾下壮士骑从者八百余人，直夜[⑯]，溃围南出驰走。平明，汉军乃觉之，令骑将灌婴以五千骑追之。

（《资治通鉴》卷十一）

【注释】

①十月：汉五年的第一个月。当时用秦历，以“十月”为岁首。

②诸侯：指韩信、彭越等。

③分地：灭楚后自己应得的地盘。

④共天下：与诸侯共分天下。

⑤齐王信之立：当初韩信打下齐国之受封齐王的过程。

⑥非君王意：是刘邦所不同意的。

⑦不自坚：心里不踏实。

⑧本定梁地：是他打下的梁国地盘。

⑨魏豹：战国魏国的后代，陈涉起义后，魏豹起事为魏王，刘邦命彭越为魏豹的丞相。

⑩豹死：魏豹作为刘邦的部将，在楚汉战争中被杀。

⑪睢阳：即今河南商丘，当时属魏。 谷城：平阴当时也是魏地。

⑫陈以东傅海：从今河南淮阳以东直到海边。陈，秦郡名，郡治即今淮阳。

⑬楚：即所谓西楚。韩信的家在淮阴，属西楚。

⑭皆引兵来：指皆来到垓下前线。

⑮皆会：一同会师于垓下。

⑯直夜：半夜，中夜。

【说明】

班固写《汉书》，上起刘邦起义建国，下至武帝“征和”年间，这中间一百二十年的人物纪传，基本上是对司马迁《史记》中的相关篇章加以删削修改而成。司马光《资治通鉴》中有关西汉武帝前的历史，基本上是从《史记》与《汉书》的相关材料中删削、转录而来。但由于三个人的思想、立场与切身经历不同，因而在转录、改写相关的人物、故事时，往往会造成或大或小的差异。我们这里所选的“垓下之战”就是变动甚大，大得令人惊异的一个例子。据《史记》，刘邦的各路将领到达垓下后，先有韩信率三十万人大破项羽的一场恶战，而后才是项羽被包围在垓下，夜闻楚歌，而后趁夜色突围云云。到《资治通鉴》中，这场关键性的大战没有了，司马光只用了“与汉战不胜，入壁”七个字取代了《史记》的那段惊心动魄的描写；再查《汉书》，更令人不可解，那里是写各路诸侯到达后，“围羽垓下，羽夜闻汉军四面皆楚歌，知尽得楚地”，于是项羽就率领着八百人突围而去。照《汉书》看，班固彻底否定了“垓下之战”的存在，认为项羽是弃军而逃，楚军在垓下是不战自溃。请读者诸君看清三书所写的差异，分析一下哪一种写法更合理。

点　评

《韩信垓下破项羽》选自《史记》的《高祖本纪》。韩信从被刘邦任为大将后，先是为刘邦设计，收复了三秦，而后又从北侧向项羽的后方迂回，三年灭了五个国家，第一年灭了魏国、代国，第二年灭了赵国、燕国，第三年又灭了齐国，彻底改变了天下大势。韩信破魏、破赵、破齐的过程详见《淮阴侯列传》。我们所选的《韩信垓下破项羽》一节，是韩信一生中所进行的最后一战，也是秦楚之际两个最伟大的军事家之间的一场决战。明代杨慎说：“叙高祖与项羽决胜垓下，仅六十字，而阵法、战法之奇皆具。曰‘不利’，用奇也，既却而左右兵纵，因其不利而乘之，此战法奇正相生也。”陈仁锡说：“淮阴侯极得意之阵，太史公极用意之文。曰‘孔将军居左，费将军居右’，张左右翼也；‘淮阴侯小却’，诱兵也；‘复乘之’，合战也。所谓‘以正合，以奇胜，奇正还相生’也。”清代郭嵩焘说：“韩信与项羽始终未一交战，独垓下一战收楚汉兴亡之全局。”

这段文字很珍贵，司马迁不把它写入《淮阴侯列传》，而特意把它写入《高祖本纪》，这突出地表现了司马迁对韩信功勋的极大推崇。有了这一战的胜利，两个月后刘邦就做上了大汉的皇帝。令人遗憾的是到班固写《汉书》时，他独独删去了这段有关韩信的文字，于是就成了项羽一到垓下被围，听到四面皆楚歌，就弃军溃围而走。项羽当时有十万人，他们是在一个月前还在固陵大破刘邦的常胜之军，过去项羽曾以三万摧垮刘邦的五十万，现在怎么可能扔下这十万大军落荒逃走呢？这不是项羽的性格。班固为什么删掉这段文字？因为韩信是顶着“谋反”罪名被杀害的，班固不敢张扬韩信的功勋，他当时的统治者汉章帝就对司马迁的《史记》耿耿于怀。司马光看出了《汉书》的漏洞，但又不肯全用《史记》的原文，于是就用“与汉战不胜，入壁”七个字含糊了过去。

陆贾说南越王归汉

陆贾者，楚人也[1]。以客从高祖定天下[2]，名为有口辩，居左右，常使诸侯[3]。

及高祖时[4]，中国初定，尉他平南越[5]，因王之。高祖使陆贾赐尉他印为南越王[6]。陆生至，尉他魋髻箕踞见陆生[7]。陆生因进说他曰："足下中国人[8]，亲戚昆弟坟在真定[9]。今足下反天性，弃冠带，欲以区区之越与天子抗衡为敌国[10]，祸且及身矣。且夫秦失其政，诸侯豪杰并起，唯汉王先入关[11]，据咸阳[12]。项羽倍约[13]，自立为西楚霸王，诸侯皆属，可谓至强。然汉王起巴蜀[14]，鞭笞天下[15]，劫略诸侯[16]，遂诛项羽，灭之[17]。五年之间[18]，海内平定，此非人力，天之所建也。天子闻君王王南越，不助天下诛暴逆[19]，将相欲移兵而诛王。天子怜百姓新劳苦，故且休之[20]。遣臣授君王印，剖符通使[21]。君王宜郊迎，北面称臣，乃欲以新造未集之越[22]，屈强于此[23]。汉诚闻之，掘烧王先人冢，夷灭宗族，使一偏将将十万众临越，则越杀王降汉，如反覆手耳[24]。"

于是尉他乃蹶然起坐[25]，谢陆生曰[26]："居蛮夷中久，殊失礼义。"因问陆生曰："我孰与萧何、曹参、韩信贤[27]？”陆生曰：“王似贤。”复曰：“我孰与皇帝贤？”陆生曰：“皇帝起丰沛[28]，讨暴秦，诛强楚，为天下兴利除害，继五帝三王之业[29]，统理中国[30]。中国之人以亿计，地方万里，居天下之膏腴，人众车舆[31]，万物殷富，政由一家，自天地剖泮未始有也[32]。今王众不过数十万，皆蛮夷，崎岖山海间，譬若汉一郡，王何乃比于汉？”尉他大笑曰：“吾不起中国，故王此；使我居中国，何渠不若汉[33]？”乃大说陆生，留与饮数月。曰：“越中无足与语，至生来，令我日闻所不闻。”赐陆生橐中装直千金[34]，他送亦千金[35]。陆生卒拜尉他为南越王[36]，令称臣，奉汉约[37]。归报，高祖大悦，拜贾为太中大夫[38]。

（《郦生陆贾列传》）

【注释】

①楚：战国后期的楚国都城先在陈（今河南淮阳），后又迁至今安徽寿县。

②客：宾客，幕僚。

③使：出使。

④及高祖时：指刘邦灭项羽后的称帝期间，即前202—前195年。

⑤尉他：本姓赵，尉是官名。赵他在秦朝时为南海郡的龙川县令，至秦二世时，陈涉、吴广起义反秦，中原扰乱，南海郡尉任嚣死，赵他继任为南海尉。后又发兵击桂林、象郡，并有三郡之地，自称南越武王。国都即今广州。

⑥赐尉他印为南越王：意即让他成为汉王朝的附属国。赐印，意即加封。

⑦魋（chuí）髻箕（jī）踞：指蛮夷打扮，傲慢而不讲礼节的样子。魋髻，挽发于顶，其状如椎。魋，通“锥”。箕踞，伸其两脚而坐，其状如箕，是一种没有礼貌的坐相。

⑧足下：敬称对方用语，犹言“阁下”“尊前”。　中国：中原地区。

⑨昆弟：兄弟。　真定：汉县名，在今河北石家庄东北。

⑩抗衡：对抗。衡，车前横木，两衡相抗，彼此不服。　敌国：相互对等之国。

⑪汉王：指刘邦。　先入关：刘邦于汉元年（前206）十月入关灭秦，早于项羽入关两个月。

⑫咸阳：秦朝的都城，在今陕西咸阳东北。

⑬倍约：违背楚怀王所宣布的谁先入关谁就为关中王的约定。

⑭起巴蜀：意即由汉中一带杀出。刘邦为汉王时的领土是巴蜀汉中，都城南郑，即今陕西汉中。

⑮鞭笞：意即驱赶。

⑯劫略：控制，挟持。略，通“掠”。

⑰诛项羽，灭之：刘邦于汉五年（前202）十二月破项羽于垓

下，项羽败死乌江。

⑱五年：从刘邦由汉中杀出，到破项羽于垓下，首尾共跨着五个年头。

⑲诛暴逆：指讨伐项羽。

⑳休之：令百姓休息。

㉑剖符：指封以为王。古代天子分封王侯，都要给被封者一种符信，用金、铁制成，中分为二，天子与受封者各执其一，故曰剖符。

㉒新造未集：刚刚建立，尚未稳定。集，安定、稳定。

㉓屈强：同“倔强”，桀骜不驯的样子。

㉔如反覆手：极言其不用费力。

㉕蹶（jué）然：忽然醒悟的样子。　起坐：谓收起两腿改为郑重的跪坐。

㉖谢：表示歉意。

㉗孰与……贤：即谁的本事更大。贤，这里主要指本事高、能力强。

㉘丰沛：刘邦是沛县丰邑人，汉代建国后，丰邑亦上升为县，故此以“丰”“沛”连称。

㉙五帝：指黄帝、颛顼、帝喾、尧、舜。　三王：指夏禹、商汤、周文周武王。

㉚统理：即“统治”，唐人为避高宗讳而改“治”为“理”。

㉛人众车舆：人口与车马都很多。舆，也是多的意思。

㉜天地剖泮（pàn）：意即“开天辟地”。剖、泮，都是“分开”的意思。

㉝何渠：也写作“何遽”“宁遽”“庸渠”，义同，相当于今时之“怎么就”。

㉞橐（tuó）中装：口袋里所装的东西，指金玉珠宝之类。橐，大口袋。

㉟他送：橐中装以外的赠品。

㊱拜：加封，任命。

㊲奉汉约：遵行汉王朝的规定。
㊳太中大夫：郎中令的属官，秩千石，在皇帝左右，掌议论。

【译文】

陆贾是楚国人，曾以宾客的身份跟随刘邦打天下，以善于论辩闻名，他跟在刘邦身边，经常出使其他诸侯国。

刘邦称帝后，中原刚刚稳定，这时尉他平定了南越，已在那里称王。刘邦就派陆贾为使者去赐给尉他印，封他为南越王。陆贾到了南越，尉他梳着椎形发髻，叉着两腿坐着接见陆贾。陆贾上前对尉他说："您本是中原人，亲戚朋友以及您兄弟的坟墓都在真定。现在您改变天性，抛弃了顶冠系带的礼俗，还想凭着弹丸之地与大汉天子相对抗，我看您的大祸就要临头了。秦朝政治腐败，天下诸侯豪杰都起来反它，只有汉王能首先进入关中，占据咸阳。项羽违背盟约自立为西楚霸王，让诸侯们都顺从他，这应该说是够强大了。可是汉王从巴蜀起兵，号令天下，降平诸侯，很快地消灭了项羽，只用五年的时间就平定全国，这不是人的力量，是苍天的意旨啊。您在南越擅自称王，又没有参加讨伐项羽的战事，汉朝的文武大臣都主张立刻出兵讨伐您。还是皇上体谅百姓们刚刚脱离战乱之苦，想让百姓们休养生息，所以才派我来授予您南越王印，与您剖符立誓，相互通好。您本该出城迎接汉朝的使者，向北叩拜称臣，可是您却想凭着这刚刚建立尚未稳固的南越，与汉王朝对抗。您这种想法若是让汉朝知道了，他们首先把您祖先的坟墓刨开，把您的家族通通杀光，而后派出一员偏将，率领着十万军队来讨伐您的国家，到那时，您部下的人如果谁想杀了您投降汉朝，那还不是易如反掌吗？"

尉他听到这里立刻改容跪直了身子，向陆贾道歉说："我在蛮夷之地住久了，刚才对您多有失礼。"接着又问陆贾："我与萧何、曹参、韩信相比，谁的能耐大？"陆贾说："看来您是更高一点。"尉他又问："我和你们皇帝比，谁的能耐大？"陆贾说："皇帝从丰沛起兵，灭了残暴的秦朝，又灭了强暴的项羽，为天下百姓兴利除害，继承五帝三王的传统，建立起汉王朝。中原的人口上亿，领土方圆万里，土地肥沃，人多车多，物产丰富，政令统一，那种强大是自开天辟地以来从没有过的。您的人口不过几十万，又都是些野蛮人，占着一块崎岖不平的地盘，就像汉朝的一个郡，您怎么能和汉家皇帝相比呢？"尉他大笑说："我不过是没在中原起兵，所以才在这儿当了王。假如我当初在中原起事，怎见得就不如你们皇帝？"于是尉他非常喜欢陆贾，留他住了几个月，每日与他饮酒畅谈。尉他说："南越国没什么谈得来的人，先生您来了，才让我每天都能听到新鲜事。"于是他给陆贾的口袋里装了价值千金的珠宝，其他礼物的价值也大体与此相似。陆贾传达圣旨，封尉他为南越王，让他对汉朝称臣，遵守汉朝的规章。陆贾回朝汇报后，刘邦非常高兴，任命陆贾为太中大夫。

扩展阅读

夫谋事不并仁义者后必败[①]，殖不固本而立高基者后必崩[②]。故圣人防乱以经艺[③]，工正曲以准绳[④]。德盛者威广，力盛者骄众。齐桓公尚德以霸[⑤]，秦二世尚刑而亡[⑥]。

（《新语·道基》）

夫人之好色[⑦]，非脂粉所能饰；大怒之威，非气力所能行也。圣人乘天威[⑧]，合天气，承天功，象天容，而不与为功[⑨]，岂不难哉？夫酒池可以为舟，糟丘可以望远[⑩]，岂贫于财哉？统四海之权，主九州之众[⑪]，岂弱于武力哉？然功不能自存，而威不能自守[⑫]，非贫弱也。乃道德不存乎身，仁义不加下也。

（《新语·本行》）

【注释】

①并：傍，依据。

②殖：树立，构建。

③防乱：预防祸乱的形成。　经艺：儒家的经典。

④正曲：纠正不直。　准绳：水平仪与墨线。

⑤齐桓公：春秋时期的齐国诸侯，春秋五霸之首。

⑥秦二世：秦始皇的第十八子，杀其兄扶苏篡取帝位，三年而葬送秦王朝。

⑦好色：美好的面容。

⑧乘天威：古称圣人与天合德，圣人威力也就是天地的威力。下文“合天气”“承天功”“象天容”与此大意相同。

⑨不与为功：不让圣人成功。

⑩酒池：相传殷纣王残暴无道，造有酒池、肉林、糟丘，日夜荒淫其中。

⑪九州：代指全国。

⑫不能自存、不能自守：皆指殷商最后被周武王推翻。

【译文】

谋划事功而不以仁义为基础者必败，构建高台不打好基础而一直向上堆高的必然要崩塌。因此圣人总是用儒家经典以防止祸乱，就如同良工要防止邪曲而用准绳。道德越高的权威就越广，力气越强的就往往自满骄傲。齐桓公由于好德所以能称霸，秦二世由于迷信刑罚结果招致灭亡。

一个人的容貌好，不是靠着脂粉涂饰；大怒所发出的威严，不是力气所能达到的。圣人所乘驾的是上天的权威，所结合的是上天的气势，所秉承的是上天的功力，所生就的是上天的容颜，世人不帮着圣人建功，岂不是一件很难的事情吗？殷纣王的酒池大得可以撑船，他所堆的糟丘可以登高望远，殷纣王是缺少钱财吗？他统治四海，驾驭着九州的百姓，他所缺少的是武力吗？然而他的功业竟然保不住他的性命，他的权威竟然保不住他自己。这不是由于他穷、他弱，而是由于他自身没有道德，由于他对百姓不实行仁义。

点评

《陆贾说南越王归汉》选自《史记》的《郦生陆贾列传》。陆贾是刘邦属下的谋士兼说客。南越王名赵他，由于当过南海郡尉，故而也称“尉他”。赵他是由一个秦王朝统治下的南海郡的龙川县令，被南海郡守任嚣所知遇，乘天下反秦之机，在岭南地区创建了“南越国”，他的事迹详见《史记》的《南越列传》。陆贾出使南越前后共两次，这里所选的文段是写陆贾第一次奉刘邦之命到南越说服赵他归附汉王朝的情景。作品首先写了陆贾的能言善辩，他对赵他能捧就捧，能让就让，在必须坚持原则的地方也毫不含糊地直言指出。尤其是他抓住了南越的国小势弱，又是刚建不久，而且赵他的亲属、祖坟都在河北的真定，于是针对要害，慷慨进说，一举完成使命，胜过十万雄兵。陆贾是司马迁所钦敬的英雄人物。与此同时，司马迁也以十分赞赏的笔调写出了赵他的卓越超群。其一，司马迁对赵他趁秦末中原大乱之机，乘势建立南越国的英雄气概非常欣赏；其二，司马迁对赵他开发与其后经营岭南九十年的历史作用充分肯定；其三，作者对赵他那种既雄豪朴实又诙谐狡狯的性格非常喜爱。

陆贾是刘邦身边的儒生，是最早劝刘邦重视儒术的一个。陆贾向刘邦进言时，常常引用《诗》《书》中的话。刘邦骂他：“你老子是在马上夺得的天下，要《诗》《书》干什么？”陆贾说：“您马上得天下，难道您还能在马上治理天下吗？商汤、周武王虽是用武力夺得天下，但治理天下却是依靠顺应民心的仁义政策，因此，只有文武并用，才是使国家长治久安的良策呀。假如当初秦朝统一天下后，施行仁政，效法先圣之道，陛下您今天还能取得天下吗？”刘邦心里不高兴，脸上却流露出惭愧之色，他对陆贾说："你给我写本书，谈谈秦朝为什么会失天下，我为什么能得天下，谈谈历代各国的经验教训。"于是陆贾就写了《新语》一书。刘邦每看完一篇，没有不叫好的。

张释之公正执法

张廷尉释之者[①]，堵阳人也[②]，字季。有兄仲同居。以訾为骑郎[③]，事孝文帝[④]，十岁不得调[⑤]，无所知名。释之曰："久宦减仲之产[⑥]，不遂[⑦]。"欲自免归。中郎将袁盎知其贤[⑧]，惜其去，乃请徙释之补谒者[⑨]。释之既朝毕，因前言便宜事[⑩]。文帝曰："卑之，毋甚高论[⑪]，令今可施行也。"于是释之言秦汉之间事，秦所以失而汉所以兴者久之。文帝称善，乃拜释之为谒者仆射[⑫]。

……上就车，召释之参乘[⑬]，徐行，问释之秦之敝[⑭]。具以质言[⑮]。至宫，上拜释之为公车令[⑯]。

顷之，太子与梁王共车入朝[⑰]，不下司马门。于是释之追止太子、梁王无得入殿门[⑱]，遂劾不下公门不敬[⑲]，奏之。薄太后闻之[⑳]，文帝免冠谢曰[㉑]："教儿子不谨。"薄太后乃使使承诏赦太子、梁王[㉒]，然后得入。文帝由是奇释之，拜为中大夫[㉓]。

顷之，至中郎将。从行至霸陵[㉔]，居北临厕[㉕]。是时慎夫人从[㉖]，上指示慎夫人新丰道[㉗]，曰："此走邯郸道也[㉘]。"使慎夫人鼓瑟，上自倚瑟而歌[㉙]，意惨凄悲怀，顾谓群臣曰："嗟乎！以北山石为椁[30]，用纻絮斮陈，蕠漆其间[31]，岂可动哉！"左右皆曰："善。"释之前进曰："使其中有可欲者，虽锢南山犹有郄[32]；使其中无可欲者，虽无石椁，又何戚焉[33]？"文帝称善。其后拜释之为廷尉。

【注释】

①廷尉：汉时的九卿之一，掌全国刑狱。

②堵阳：汉县名，在今河南方城东。

③以訾（zī）为骑郎：凭着家境富裕得以在皇帝身边为骑郎，出充车骑，入掌门户。訾，同"资"。

④孝文帝：刘邦之子，名恒，前179—前157年在位。

⑤调：升迁。

⑥久宦减仲之产：当时为郎者，须自备衣裘鞍马之饰，故有此减耗家产之语。

⑦不遂：不顺心，不发达。

⑧中郎将：皇帝的侍卫武官，统领诸郎。　袁盎：文、景时期的大臣。

⑨谒者：皇帝的侍从人员，职掌收发传达。

⑩便宜事：国家当前应做的事情。

⑪毋甚高论：不要说大话、唱高调。

⑫谒者仆射：诸谒者的头领。

⑬参乘：陪侍帝王乘车，兼充护卫。

⑭秦之敝：秦朝的弊病、灭亡的原因。

⑮以质言：按自己的认识有什么说什么。质，实。

⑯公车令：掌管司马门，官员至此下车。

⑰太子：即日后的汉景帝刘启。　梁王：名武，汉景帝的胞弟，被封为梁王，梁国的都城睢阳，即今河南商丘。

⑱追止：追上去拦住。

⑲劾：弹劾，举报。　不敬：对朝廷无礼。

⑳薄太后：文帝之母，太子与梁王之祖母。

㉑文帝免冠谢：向其母免冠谢罪，给老人家添了麻烦。

㉒承诏：以皇帝的名义。

㉓中大夫：在帝王跟前掌议论。

㉔霸陵：汉文帝的陵墓工地，在今西安毛窑院，秦汉时代的皇帝都在生前即为自己修建陵墓。

㉕居北临厕：坐在霸陵上面的北边上，向北眺望。厕，同"侧"，边缘悬绝处。

㉖慎夫人：汉文帝的宠妃，邯郸人。

㉗指示：指以告之。　新丰道：霸陵至新丰间的通道。新丰，汉县名，在今陕西临潼东北，当时霸陵的东北。

㉘此走邯郸道也：这就是通向你们老家邯郸的道路。

㉙倚瑟：随着瑟声。

㉚椁：外棺。

㉛用纻絮斮（zhuó）陈，蕠（rú）漆其间：把丝纻棉絮之类切碎，填塞其缝隙，再用漆把塞了纻絮的棺椁缝隙灌住。斮，同"斫"。陈，塞。蕠，粘合。

㉜锢：熔化金属以灌缝隙。　郄：同"隙"。

㉝戚：忧虑，担心。

【译文】

张释之是堵阳县人，字季，跟着他哥哥张仲一起生活。张仲家里富裕，给张释之找了个骑郎的差事，侍候孝文帝。一直干了十年也没得到提升，个人也没有一点儿名气。张释之心想："这么长期干下去，只能是白白地耗费哥哥的家产，别的什么也得不到。"于是想要辞官回家。中郎将袁盎知道张释之有才，觉得让他离去可惜，就请求文帝让张释之补了个谒者的缺。一天散朝后，张释之想趁便向文帝提一些当前应办的事情。文帝说："实际点儿，不要发高论，要说点当前可行的。”于是张释之就谈了些秦汉之交的事情，谈了秦朝为什么灭亡，汉朝为什么兴起等，一直谈了好半天。文帝听了很高兴，就让张释之当了谒者仆射。

……文帝上车后，让张释之也上车站在他的身旁，文帝让车子慢慢地走，一路上向张释之询问秦朝的弊政。张释之都如实回答。待回到宫里，文帝就让张释之做了公车令。

不久，太子刘启和梁孝王刘武兄弟同车入朝，在路过司马门时故意不下车。张释之追上去拦住他们，不许他们进宫，并给文帝上书弹劾太子与梁王称他们犯了对朝廷“不恭敬”的大罪。薄太后也听说了这件事，吓得孝文帝摘了帽子向太后请罪说：“这都怪我对儿子管教不严。”薄太后这才派人传皇上的命令，赦免了太子和梁王。这件事使文帝对张释之感到惊奇，于是任命他当了中大夫。

不久，张释之又当了中郎将。有一次随文帝出游，到了霸陵，一行人站在霸陵的北坡眺望，当时慎夫人在文帝身边，文帝指着陵下的新丰道说：“这就是通往你们老家邯郸的路啊。”接着他让慎夫人鼓瑟，自己跟着瑟的旋律哼唱，心里一阵伤感，他回头对大臣们说：“唉，要是能用北山上的石头砌成外棺，再用剁碎的丝棉和着漆把那些缝隙全部塞住，这座坟谁还能撬得开！”大臣们都说：“好啊。”这时张释之走过去说：“如果坟里头有让人惦记的东西，那么即使您用铁水把整座南山的缝隙都灌住了也还有缝隙；假如坟里头没有让人惦记的东西，即使不做石椁，也用不着担心！”文帝说他讲得精彩。后来又让他当了廷尉。

顷之，上行出中渭桥[1]，有一人从桥下走出，乘舆马惊[2]。于是使骑捕，属之廷尉[3]。释之治问[4]。曰：“县人来[5]，闻跸[6]，匿桥下。久之，以为行已过[7]，即出。见乘舆车骑，即走耳。”廷尉奏当[8]，一人犯跸，当罚金[9]。文帝怒曰："此人亲惊吾马，吾马赖柔和，令他马，固不败伤我乎？而廷尉乃当之罚金！"释之曰："法者，天子所与天下公共也。今法如此而更重之，是法不信于民也[10]。且方其时，上使立诛之则已；今既下廷尉，廷尉，天下之平也。一倾而天下用法皆为轻重[11]，民安所措其手足？唯陛下察之。"良久，上曰："廷尉当是也。"

其后有人盗高庙坐前玉环[12]，捕得，文帝怒，下廷尉治。释之案律盗宗庙服御物者为奏[13]，奏当弃市[14]。上大怒曰："人之无道，乃盗先帝庙器，吾属廷尉者，欲致之族[15]，而君以法奏之[16]，非吾所以共承宗庙意也[17]。"释之免冠顿首谢曰："法如是足也。且罪等，然以逆顺为差[18]。今盗宗庙器而族之，有如万分之一，假令愚民取长陵一抔土[19]，陛下何以加其法乎[20]？"久之，文帝与太后言之，乃许廷尉当。是时，中尉条侯周亚夫与梁相山都侯王恬开见释之持议平[21]，乃结为亲友。张廷尉由此天下称之。

（《张释之冯唐列传》）

【注释】

①出：行经。　中渭桥：当时长安城北渭河上的桥梁有三座，一座在城西北咸阳路，曰西渭桥；一座在东北高陵道，曰东渭桥；其中渭桥，在古城之北。

②乘舆：皇帝的车驾。

③属之廷尉：交由廷尉审理。属，托，交给。

④治问：审问。

⑤县人：与京城长安相对而言，意为“乡下人”。

⑥闻跸（bì）：听到清道戒严的声音。跸，戒严，禁止行人。

⑦行：皇帝的车队。

⑧奏当：奏上判处结果。当，判处。

⑨一人犯跸，当罚金：据汉朝律法，一人犯跸，罚金四两。

⑩不信于民：对百姓说话不算话。

⑪一倾：一有偏颇。　皆为轻重：都随便偏低偏高。

⑫高庙：高祖刘邦的庙。当时在京师及各郡国都建有高庙。

⑬服御物：祭祀用品。

⑭奏当弃市：意即判为处死。弃市，刑人于市，以示与众共弃之。

⑮欲致之族：想让你把他定为灭族。

⑯以法奏之：仍按通常的法律条文向上报告。

⑰共承宗庙：恭敬地对待先人。共，同“恭”。

⑱且罪等，然以逆顺为差：即使两个人的罪过相同，其中还有个具体情节的差别。

⑲取长陵一抔土：隐言如果有人偷掘了刘邦的坟墓。长陵，高祖的陵墓。一抔土，一捧土。

⑳何以加其法：还有什么更重的条文去处置他呢？

㉑中尉条侯周亚夫：周亚夫是刘邦功臣周勃之子，在文帝朝为中尉，主管京城治安。其封号为条侯。 梁相山都侯王恬开：王恬开的封号是山都侯，职务是梁国的相。 持议平：执法公平。

【译文】

后来文帝外出，路经中渭桥的时候，有一个人突然从桥底下走出来，文帝的车马受惊了。文帝立刻派骑士过去抓住他，把他交给了张释之。张释之一审问，原来那是一个从长安县来的乡下人，听到戒严令，就躲在桥底下。等了半天，以为皇上的车驾过去了，就走了出来。没想到皇上的车驾还在这里，就吓得赶紧往回跑。张释之向文帝报告惩罚的决定：违反戒严令，应该罚款。文帝生气地说："这个人惊了我的马，幸亏我的马老实，要是碰上别的马，还不得翻车摔伤我吗？你居然只判了他罚款！"张释之说："法令应该是皇上和天下人共同遵守的。按照法令理应这么判决，如果您一定要重判，那法令就不能取信于民了。再说，如果当时您一抓住他就把他杀了，倒也无话可说。现在您既然把他交给我这个廷尉，廷尉，是为整个天下主持公平的呀，我一旦有所倾斜，整个天下的执法可就会随意轻重，那时百姓们可就无所适从了。请您慎重考虑。"过了好半天，文帝终于说："你的判处是对的。"

后来又有人偷了高祖庙内神座前的玉环。这人抓来后，文帝非常气愤，把他交给了张释之。张释之依照盗窃宗庙衣物家什的条律作了判处，并报告文帝："依法应判处死刑。"文帝大怒："这个人大逆不道，竟敢偷先帝宗庙里的东西，我之所以把他交给你，是想让你判他个灭门，可你却只按法律条文判处，这不是我孝敬先人的意思。”张释之摘下帽子叩头，对文帝说：“按法律条文，判他死罪已经到头了。再说，判同一种罪的罪犯，还要区分不同的情节。如果对偷了高祖庙里东西的人就判灭门，假如日后万一有人动了长陵的坟土（指盗墓），还有什么更重的刑法去处置他呢？”文帝想了半天，又进去跟太后商量了一回，最后还是同意了张释之的判决。当时，中尉条侯周亚夫和梁国的丞相山都侯王恬开见张释之执法公正，都和他成了亲密的朋友。张释之从此受到了全国百姓的称赞。

扩展阅读

晋侯之弟扬干乱行于曲梁[①]，魏绛戮其仆[②]。晋侯怒，谓羊舌赤曰[③]：“合诸侯以为荣也[④]，扬干为戮[⑤]，何辱如之？必杀魏绛，无失也[⑥]！”对曰：“绛无贰志[⑦]，事君不辟难[⑧]，有罪不逃刑，其将来辞[⑨]，何辱命焉[⑩]？”言终，魏绛至，授仆人书[⑪]，将伏剑[⑫]。士鲂、张老止之[⑬]。公读其书曰：“日君乏使[⑭]，使臣斯司马[⑮]。臣闻‘师众以顺为武[⑯]，军事有死无犯为敬[⑰]’。君合诸侯，臣敢不敬[⑱]？君师不武，执事不敬[⑲]，罪莫大焉。臣惧其死，以及扬干[⑳]，无所逃罪。不能致训，至于用钺[㉑]。臣之罪重，敢有不从以怒君心[㉒]，请归死于司寇[㉓]。”公跣而出[㉔]，曰：“寡人之言，亲爱也。吾子之讨[㉕]，军礼也。寡人有弟，弗能教训，使干大命[㉖]，寡人之过也。子无重寡人之过，敢以为请[㉗]。”晋侯以魏绛为能以刑佐民矣[㉘]，反役，与之礼食，使佐新军[㉙]。

（《左传·襄公三年》）

【注释】

①晋侯：指晋悼公，前573—前558年在位。　乱行于曲梁：在曲梁与别国诸侯举行盟会的时候仗势冲击了晋军的行阵。曲

梁在今河北鸡泽。

②魏绛：晋国将军，时任中军司马，为军中的司法官。　戮其仆：斩了扬干的车夫。

③羊舌赤：晋国将军，时任中军尉，比魏绛的地位高。

④合诸侯：召集诸侯会盟，当时晋国为诸侯霸主，故有此权力。

⑤扬干为戮：扬干的车夫被杀，等于扬干受了惩治，跟着蒙受了耻辱。戮，辱。

⑥无失也：不要放过他。

⑦无贰志：指对国事一心一意。

⑧不辟难：不回避矛盾。

⑨其将来辞：他会主动地来向您说明情况。

⑩何辱命焉：用不着您命令我去逮他。

⑪授仆人书：把一份说明情况的文件交给守门的人员。

⑫将伏剑：转身就要自杀。

⑬士鲂：晋军的主帅之一。　张老：时任军候。

⑭乏使：无人可以委任。

⑮斯司马：任司马之职。斯，主。

⑯以顺为武：服从命令的军队才有威严。

⑰有死无犯：宁可死也不能违犯纪律。

⑱不敬：不敬业，不负责任。

⑲执事：具体管事的人，指魏绛，也指扬干。

⑳臣惧其死，以及扬干：我担心由于我因不负责任受到处治，连及扬干的犯法没人管。

㉑不能致训，至于用钺：由于平时缺乏管教，导致今天使用刑罚（指戮仆）。

㉒从：指处置扬干后跟着自杀。

㉓归死于司寇：愿接受司法机关处以死罪。

㉔跣：来不及穿鞋，光着脚跑了出来。

㉕讨：指戮仆以惩处扬干。

㉖干：犯，冒犯。
㉗敢以为请：请你不要自杀，别再加重我的罪过。
㉘以刑佐民：以刑法辅助治民。
㉙使佐新军：提升魏绛为晋国新军的副统帅，其爵为卿。

【译文】

晋悼公的弟弟扬干在曲梁藐视冲击了晋国军队的行列，司法官魏绛依法斩了扬干的车夫。晋悼公闻讯大怒，对更高的司法官羊舌赤说："我在曲梁召集诸侯会盟，是很有面子的事，我的弟弟扬干居然被魏绛所惩处，这对我是何等的耻辱？你必须给我杀掉魏绛，不能饶过他。"羊舌赤说："魏绛一心为国，办事从不绕弯，有罪决不回避，他自己会来向您说明情况，不用您费心。"话音刚落，魏绛来到宫门。他把一份禀明情况的文件交给传达，转身就要自杀。门前的士鲂、张老两位大臣赶紧拦住他。晋悼公见那份文件上写道："此前您没有更合适的人选，让我担任这个司马，我以为'服从命令的军队才有威严，宁可牺牲自己也要维护军队纪律的人才能算忠于职守'。您召集诸侯会盟，我敢不谨遵职守么？如果您的军队缺乏威严，给您办事的人如不忠于职守，那我的罪过可就大啦。我担心渎职犯罪，也让扬干逃脱刑罚，所以我处置了他。我缺少预先教育，以致用了刑具。我的罪是大的，我唯有一死，请您息怒，我愿让法官处死我。"晋悼公看罢，慌得没顾穿鞋就跑出门来，向魏绛道歉说："我说过的那些话，是出于对自己兄弟的私情；您公平执法，那是军队纪律的要求。我没有管好自己的兄弟，让他违犯了您的命令，这是我的过失。您千万别让我再犯错了，我求求您。"通过这件事情，晋悼公认识到了魏绛能用法律帮着治国，于是回朝以后设宴招待他，让他担任了新军的副统帅。

点 评

《张释之公正执法》选自《史记》的《张释之冯唐列传》。《张释之冯唐列传》全文的主旨是表彰张释之、冯唐犯颜直谏与文帝勇于纳谏的精神。这里所选文段歌颂了张释之不畏权贵、执法公平，即便面对皇帝的干预，也能据理以争，从而维护了法律的尊严。作为一个封建官吏这是难能可贵的，即使在今天，也还有重要的警世意义。张释之还有一些思想突破了封建时代的局限，具有很高的思想价值，例如他所说的“法者，天子所与天下公共也。今法如此而更重之，是法不信于民也”；“廷尉，天下之平也。一倾而天下用法皆为轻重，民安所措其手足？”这里面包含两个可贵的观点，其一是统治者必须服从法律，带头遵守法律，法律面前人人平等。这是我国古代先进思想家的观点，可惜在两千年的封建社会里，没有一个皇帝肯接受这一条。张释之居然提出了，尽管他也做不到，但其思想的光辉是令人钦敬的。另一方面是提出了法官要能排除任何权力的干预，公平执法。这一条在等级森严的封建社会里是根本不能实行的。以张释之本人而论，他在比较开明、大度的汉文帝时代，提了不少主张，做了不少事情，博得了很好的声誉；但当汉文帝一死，小肚鸡肠、报复心重的汉景帝一上台，局面就立刻变化，张释之和他的儿子张挚，就再也没有好日子过了。晋朝的陶渊明写《饮酒二十首》与《读史述》，其中曾两次写到了张挚，有所谓“长公曾一仕，壮节忽失时。杜门不复出，终身与世辞”云云，很为之愤愤不平。

冯唐论将救魏尚

冯唐者，其大父赵人[①]。父徙代[②]，汉兴徙安陵[③]。唐以孝著，为中郎署长[④]，事文帝[⑤]。文帝辇过，问唐曰："父老何自为郎[⑥]？家安在？"唐具以实对。文帝曰："吾居代时[⑦]，吾尚食监高祛数为我言赵将李齐之贤[⑧]，战于巨鹿下[⑨]。今吾每饭，意未尝不在巨鹿也[⑩]。父知之乎？"唐对曰："尚不如廉颇、李牧之为将也[⑪]。"上曰："何以？"唐曰："臣大父在赵时，为官率将[⑫]，善李牧；臣父故为代相[⑬]，善赵将李齐[⑭]，知其为人也。"上既闻廉颇、李牧为人，良说[⑮]，而搏髀曰[⑯]："嗟乎！吾独不得廉颇、李牧为吾将，吾岂忧匈奴哉[⑰]！"唐曰："主臣[⑱]！陛下虽得廉颇、李牧，弗能用也。"上怒，起入禁中[⑲]。良久，召唐让曰[⑳]："公奈何众辱我[㉑]，独无间处乎[㉒]？"唐谢曰："鄙人不知忌讳。"

当是之时，匈奴新大入朝那[㉓]，杀北地都尉印[㉔]，上以胡寇为意。乃卒复问唐曰："公何以知吾不能用廉颇、李牧也？"唐对曰："臣闻上古王者之遗将也[25]，跪而推毂[26]，曰‘阃以内者，寡人制之[27]；阃以外者，将军制之[28]。军功爵赏皆决于外，归而奏之’。此非虚言也。臣大父言，李牧为赵将居边，军市之租皆自用飨士，赏赐决于外，不从中扰也[29]，委任而责成功[30]。故李牧乃得尽其智能，遣选车千三百乘[31]，彀骑万三千[32]，百金之士十万[33]，是以北逐单于[34]，破东胡[35]，灭澹林[36]，西抑强秦[37]，南支韩、魏[38]。当是之时，赵几霸[39]。其后会赵王迁立[40]，其母倡也。王迁乃用郭开谗[41]，卒诛李牧，令颜聚代之[42]。是以兵破士北[43]，为秦所禽灭。今臣窃闻魏尚为云中守[44]，其军市租尽以飨士卒，出私养钱，五日一椎牛[45]，飨宾客军吏舍人[46]。是以匈奴远避，不近云中之塞。虏曾一入，尚率车骑击之，所杀甚众。夫士卒尽家人子[47]，起田中从军，安知尺籍伍符[48]？终日力战，斩首捕虏，上功莫府[49]，一言不相应[50]，文吏以法绳之[51]。其赏不行而吏奉法必用[52]。臣愚，以为陛下法太明，赏太轻，罚太重。且云中守魏尚坐上功首虏差六级[53]，陛下下之吏，削其爵，罚作之[54]。由此言之，陛下虽得廉颇、李牧，弗能用也。臣诚愚，触忌讳，死罪死罪！”文帝说，是日令冯唐持节赦魏尚[55]，复以为云中守，而拜唐为车骑都尉[56]，主中尉及郡国车士[57]。

（《张释之冯唐列传》）

【注释】

①大父：祖父。　赵：此指战国时的赵国，国都即今河北邯郸。

②代：此指楚汉之际的代国，国都即今河北蔚县东北的代王城。

③安陵：汉县名，县治在今陕西咸阳东北。

④中郎署长：主管中郎署的事务，中郎是皇帝的侍从人员。

⑤文帝：刘邦之子，前179—前156年在位。

⑥父老：对年长者的敬称，下文单言“父”字者同。　何自为郎：即通过什么途径当的郎官。

⑦吾居代时：文帝即位前为代王，国都中都，在今山西平遥西南。周勃、陈平灭诸吕后迎立为帝。

⑧尚食监高祛：为皇帝主管膳食的官吏，名叫高祛。　赵将李齐：陈涉时代的赵将名叫李齐。当时的赵王名歇。

⑨战于巨鹿下：李齐事迹不见于史，有说即指项羽率兵救巨

鹿，破秦将王离之战。巨鹿是秦郡名，在今河北平乡西南，当时属赵。

⑩意未尝不在巨鹿：意即总是想起李齐。

⑪廉颇、李牧：都是战国后期的赵国名将。

⑫官率将：即百夫长。

⑬代相：陈涉时代的代王陈余之相。

⑭善赵将李齐：当时的赵王是陈余拥立，赵歇又封陈余为代王。陈余虽为代王，但不去代国上任，而留在赵国为赵王之相。代、赵两国之关系特别亲密，故冯唐之父虽为代相，而得以善赵将李齐。

⑮良说：很高兴。说，同“悦”。

⑯搏髀（bì）：拍大腿。

⑰吾岂忧匈奴哉：句前省略了“使廉颇、李牧为吾将”之意。

⑱主臣：或欲称“主”，又欲言“臣”，以见其惶恐、嗫嚅之状。

⑲禁中：犹言“宫中”，此指后宫。

⑳让：责备。

㉑众辱我：当众侮辱我，让我下不来台。

㉒间处：空隙，无人之处，指私下个别交谈。

㉓朝那：汉县名，在今宁夏固原东南。

㉔北地都尉卬：北地郡的都尉孙卬。北地郡在今甘肃的东北部和宁夏一带。都尉，郡太守的副职，在郡主管武事。

㉕遣将：指派将出征。

㉖跪而推毂（gǔ）：王者亲自为大将推动车轮，以示尊宠。毂，车轮中心，有洞可以插轴的部位，借指车轮。

㉗阃（kǔn）以内者，寡人制之：城门以内的事情归我管。阃，门槛，这里即指城门。

㉘阃以外者，将军制之：城门以外的事情就全部交给你管啦。意即不干涉你军中的事务。

㉙不从中扰：帝王不从朝廷遥加干预。

㉚委任而责成功：只要求其最后完成任务，中间过程一概不问。责，要求。

㉛选车：经过挑选的精良战车。　三百乘：三百辆。一车四马曰一乘。

㉜彀（gòu）骑：谓骑兵能射者。彀，张弓。

㉝百金之士：谓临战勇武，曾获百金之赏的猛士。

㉞北逐单于：向北赶跑了匈奴人。匈奴之君主曰单于。

㉟东胡：当时活动于今辽宁西部、内蒙东部一带的少数民族。

㊱澹林：也作襜褴（chān lán），当时活动于代北一带的少数民族。

㊲西抑强秦：向西扼制了秦国的东出。

㊳南支韩、魏：向南顶住了韩、魏两国的北进。当时韩国的国都即今河南新郑，魏国的国都即今河南开封。

㊴赵几霸：此亦夸言其形势之好而已，当时韩、赵、魏诸国已仅未亡而已，尚何言“霸”？

㊵赵王迁：赵国的临亡国君，前235—前228年在位。

㊶郭开：赵王的宠臣，受秦国收买，前曾谗害廉颇，致使廉颇被废；后又谗害李牧，致使李牧被杀，赵国覆灭。

㊷颜聚：原为齐将，此时又为赵将。

㊸士北：犹言兵败。

㊹魏尚：文帝时的北边守将。　云中守：云中郡的太守。云中郡在今内蒙古托克托东北。

㊺私养钱：个人的官俸。　椎牛：杀牛。

㊻舍人：指身边的门客亲信。

㊼家人子：平民百姓家的孩子。

㊽尺籍：指记录立功事迹的竹板。　伍符：军中记录伍伍相保的文牍。

㊾上功莫府：向统帅部报功。莫府，同“幕府”。

㊿一言不相应：指上报的数目与实际斩获稍微有点不一致。

51文吏：死守条文的执法官员。

⑫吏奉法必用：小吏们所查出来的“问题”一定要被严办。

⑬上功：上报功绩。　首虏：斩虏之首。

⑭罚作之：罚做苦役。

⑮持节：手执旌节，旌节是皇帝使者出行所持的信物。

⑯车骑都尉：主管战车的都尉官。

⑰主中尉及郡国车士：意为全国的车战之士皆归冯唐管辖。中尉主巡察京城、卫戍首都，郡国指地方之各州郡、各诸侯国。

【译文】

冯唐的祖父是战国时的赵国人，父亲搬到了代国。汉朝建立后又搬到了安陵县。冯唐以孝顺闻名，在文帝驾前任中郎署长。有一天文帝乘车经过郎署，问他：“老先生多大年纪了？是怎么当的郎官？老家在哪儿？”冯唐回答完毕。文帝说：“当初我在代国的时候，我的尚食监高祛就曾多次对我说起赵将李齐在巨鹿城下作战的情景。直到今天每当吃饭，我就总会想起巨鹿作战的事。先生认识李齐吗？”冯唐说：“李齐远远比不上廉颇、李牧。”文帝问：“你凭什么这么说呢？”冯唐说：“我祖父曾在赵国做百夫长，和李牧打过交道；我父亲曾做过代相，又和赵国的李齐有过交往，所以我都了解他们的为人。”文帝听了冯唐所讲的廉颇、李牧，非常兴奋，他一拍大腿说：“嘿！我怎么就没有廉颇、李牧这样的将军？如果能有他们做将军，我还用为匈奴操心吗？”冯唐说：“您……我……，我认为陛下即使得到廉颇、李牧，也不会很好地重用他们。”文帝一听，气得站起身来进宫去了。过了一会儿，他又把冯唐叫进去，说：“你怎么当着那么多人的面让我难堪，难道就不能找个没人的地方对我说吗？”冯唐道歉说：“我是个粗人，说话也的确不管不顾。”

当时正有大股匈奴人入侵朝那，又杀了北地郡的都尉孙印，文帝正为匈奴的事情操心，他又接着问冯唐：“你怎么知道我有廉颇、李牧也不能重用？”冯唐说：“我听说古代帝王送大将出征时，都要亲自为他们推动车轴，对他们说：‘城门以内的事情归我管，城门以外的事情就全委托你们了。凡是立功应受奖赏的，一概由你们自己作主，回来时对我说一声就行了。’这些都不是随便说说的空话。我祖父对我说，李牧在为赵国驻守边关时，军中一切贸易的收入都用来犒劳士兵，军中的一切赏赐都由将军自己决定，君王从不干预。而把一切都委托给将军，只要能取得胜利就行。所以李牧才能充分发挥他的聪明才干。他选了战车一千三百辆，弓箭骑手一万三千人，曾获过百金之赏的勇士十万人，凭着他们，李牧向北赶走了匈奴人，打败了东胡人，灭掉了澹林人；向西顶住了强秦的进攻，向南顶住了韩、魏的北犯。那个时候，赵国几乎可以称霸天下了。不想后来赵王迁当了君王，赵王迁的母亲是一个歌女。赵王迁上台后，听信郭开的谗言把李牧给杀了，另派了颜聚去接替他。结果一败涂地，自己也落了个国灭被俘。现在我听说魏尚在当云中太守的时候，军中的贸易税收也都用来犒赏士兵，此外他还经常拿出自己的工资，五六天就杀一次牛，宴享全军将士。所以匈奴人都远远避开，不敢靠近云中郡。有一次敌兵进犯，魏尚立刻率军出击，杀死了很多敌人。他的那些士兵都是平民子弟，刚从庄稼地里出来，谁懂得那些琐碎的法令规章？他们拼命作战，斩杀敌人，可是轮到向上级报功的时候，发现与事实有一点出入，刀笔吏们立刻就按法律条文严加惩处。立了功的得不到奖赏，犯了法的就一定要受惩罚。我是个老粗，我认为您对法律条文抠得太细，对人赏得太轻，罚得太重。云中太守魏尚不过是在报功的时候多报了六个人头，您就把他下了狱，削了爵，罚他去服劳役。通过这件事情，我觉得您即使有了廉颇、李牧，也不可能重用他们。我的确是个粗人，说话招人生气，的确该死！”文帝听了很高兴。当天就派冯唐手持旌节去把魏尚放了出来，恢复了他云中太守的职位；同时也任命冯唐为车骑都尉，让他主管中尉属下和全国各郡国的车战部队。

扩展阅读

老夫聊发少年狂，左牵黄[①]，右擎苍[②]，锦帽貂裘，千骑卷平冈。为报倾城随太守[③]，亲射虎，看孙郎[④]。　酒酣胸袒尚开张，鬓微霜，又何妨，持节云中，何日遣冯唐[⑤]？会挽雕弓如满月，西北望，射天狼[⑥]。

（苏轼《江城子·密州出猎》）

【注释】

①黄：指黄犬。

②苍：指苍鹰。

③倾城：指全城百姓。

④孙郎：指三国时的孙权，曾打猎射虎，苏轼用以自比。

⑤持节云中，何日遣冯唐：盼望北宋朝廷也像汉文帝派冯唐持节赦免魏尚一样信任自己，委以重任。

⑥天狼：星宿名，古人用指战乱。这里指西夏少数民族的入侵。

【说明】

苏轼的《江城子·密州出猎》词作于四十岁任密州太守时，当时苏轼因与王安石政见不同，被朝廷放到京外任地方官，密州即今山东诸城。作品的上片写了出猎的壮阔场面，豪兴勃发，气势恢宏；下片表现了作者志在杀敌卫国的政治热情和英雄气概。希望国家赏识自己、召回自己，使自己能为国家建功立业。

点　评

《冯唐论将救魏尚》选自《史记》的《张释之冯唐列传》，写冯唐借着与汉文帝议论赵国名将廉颇、李牧的时机，突然故意顶了汉文帝一句，以引起汉文帝的注意，而后借着讲李牧的事迹，巧妙地转到了云中太守魏尚被汉文帝无端罢免的话题，从而使汉文帝恍然大悟，立即命冯唐持节前往云中赦免魏尚，令其官复原职，同时冯唐自己获得晋升、受到重用的故事。冯唐论将的话语虽然不多，却道理深刻，发人深省。宋代黄震说："冯唐论将数语，可为万世法。"明代茅坤说："千古来论任将，无逾此言。"清代姚苎田说："古人偶然酬对之文，机局灵警，照应精严，虽使后人执管为之推敲尽日，有不能及者，如武侯隆中之对、淮阴登坛之语，及冯公此段议论，摘来便是绝妙古文，晋唐以下嗣音寡矣。文推两汉，岂虚语哉！"在这段文字中，不仅冯唐的一片忠心、一腔热情跃然纸上；而且汉文帝平易近人、不摆架子，与臣下推心置腹的动人情景，也给读者留下了深刻的印象。明代钟惺说："明主深思虚怀，郑重低回，千载如见。人以为宽容，不知正一片雄略，留心边事处。"像这样从谏如流的皇帝与耿直不阿的臣子会在一起，正所谓君明臣良，君臣关系如家人父子。这种景象出现在《张释之冯唐列传》中，表现了司马迁的一种政治理想。

汉文帝劳军细柳营

文帝之后六年[1]，匈奴大入边[2]。乃以宗正刘礼为将军[3]，军霸上[4]；祝兹侯徐厉为将军[5]，军棘门[6]；以河内守亚夫为将军[7]，军细柳[8]：以备胡[9]。上自劳军[10]。至霸上及棘门军，直驰入，将以下下骑送迎[11]。已而之细柳军，军士吏被甲[12]，锐兵刃，彀弓弩，持满[13]。天子先驱至[14]，不得入。先驱曰："天子且至！"军门都尉曰[15]："将军令曰：'军中闻将军令，不闻天子之诏[16]。'"居无何，上至，又不得入。于是上乃使使持节诏将军："吾欲入劳军。"亚夫乃传言开壁门[17]。壁门士吏谓从属车骑曰："将军约，军中不得驱驰。"于是天子乃按辔徐行[18]。至营，将军亚夫持兵揖曰："介胄之士不拜[19]，请以军礼见。"天子为动，改容式车[20]。使人称谢："皇帝敬劳将军。"成礼而去。既出军门，群臣皆惊。文帝曰："嗟乎，此真将军矣！曩者霸上、棘门军[21]，若儿戏耳，其将固可袭而虏也。至于亚夫，可得而犯邪？"称善者久之。月余，三军皆罢，乃拜亚夫为中尉[22]。

（《绛侯世家》）

【注释】

①文帝：刘恒，刘邦之子，前179—前157年在位。　后六年：前158年。

②匈奴：战国后期以来兴起的北方民族，活动在今内蒙及蒙古国一带。

③宗正刘礼：宗正是朝官名，九卿之一，主管叙录皇族的谱牒及处理皇族人员的犯罪问题。刘礼是刘邦之侄，刘邦弟楚元王刘交之少子，后来被封为楚王。

④霸上：古地名，在当时的长安城东南，今西安城东，因其地处霸水西岸高原上而得名。

⑤祝兹侯徐厉：应作“松兹侯徐悍”。

⑥棘门：古地名，原为秦宫门，在当时的长安城西北，今陕西咸阳东。

⑦河内守：河内郡的太守。河内郡的郡治怀县，在今河南武陟西南。

⑧细柳：古地名，在当时的长安城西，今陕西咸阳西南的渭河北岸。

⑨胡：即指匈奴人。

⑩上：指汉文帝。

⑪将以下下骑送迎：通行本“下”字不重出，误，今增。

⑫被甲：同“披甲”。

⑬锐兵刃：指刀出鞘。　彀弓弩：弓上弦。　持满：把弓拉圆。

⑭先驱：也称顶马，在前面开路的侍从人员。

⑮军门都尉：把守营门的都尉。都尉的级别相当于校尉。

⑯军中闻将军令，不闻天子之诏：《六韬·立将篇》：“军中之事，不闻君命，皆由将出。”《白虎通》曰：“大夫将兵，但闻将军令，不闻君命也。”

⑰壁门：即营门。壁，壁垒，营垒。

⑱按辔（pèi）：勒着缰绳，使车马徐行。

⑲介胄之士不拜：披甲戴盔的人不行叩拜之礼。应劭曰：“礼，介者不拜。”介，甲，铠甲。胄，头盔。

⑳式车：把头伏在车前的横木上，这是古人在车上为向某人某物表示敬意而做出的一种姿态。式，通“轼”。

㉑曩（nǎng）：昔，前者。

㉒中尉：主管京城治安的武官，后来改称“执金吾”。

【译文】

汉文帝后元六年，匈奴人大举入侵汉朝的北部边境。汉文帝派宗正刘礼为将军，率军驻扎在霸上；派祝兹侯徐厉为将军，率军驻扎在棘门；派河内郡的郡守周亚夫为将军，率军驻扎在细柳，以防备匈奴人入袭京城。有一天汉文帝亲自去慰劳军队，当他到达霸上和棘门的两座军营时，两处都毫无阻拦，汉文帝的车驾侍从长驱而入，以将军为首各级官兵都下马俯伏迎送皇帝。接着汉文帝来到细柳，营门前的士兵们都刀出鞘、弓上弦，而且把弓拉得满满的。当皇帝的先遣队到达营门时，门前的卫兵拦住他们。先遣队说："皇帝马上就要到了。"把守营门的都尉说："将军命令我们：'军营中只听将军的命令，不听皇帝的圣旨。'"过了不久，汉文帝的车驾来到营前，仍被拦住不得入内。于是汉文帝只好派使者手执符节进去通知周亚夫："皇帝要入营慰劳官兵。"周亚夫接到圣旨后，才下令打开营门。营门的守卫又对皇帝的侍从们说："将军规定，军营中不允许车马飞跑。"于是汉文帝告诉侍从们一律勒住缰绳，缓步前进。当文帝的车子到达中军大帐时，将军周亚夫手持兵器迎过来作了一个揖，说："臣铠甲在身，不能行叩拜之礼，只能以军礼参见皇上。"汉文帝很受感动，他严肃地把头伏在车前的横木上向官兵们致敬，并让侍从们向周亚夫传呼："皇帝谨向将军致以亲切的问候。"就这样，直到结束了全部慰劳仪式才起驾离去。汉文帝出了周亚夫的军营，跟随皇帝的群臣和侍卫们都还惊魂未定。汉文帝赞叹说："这才是真正的将军！刚才去过的霸上和棘门，那简直是儿戏，他们的主将完全可能被敌人偷袭并擒获；至于周亚夫，谁能侵犯得了呢？"这件事一直被汉文帝念叨了好几天。一个月后，随着匈奴人的威胁解除，三支驻军也全部撤去。汉文帝改拜周亚夫为中尉，以维持首都的治安。

扩展阅读

帝居禁中[①]，召周亚夫赐食，独置大胾[②]，无切肉，又不置箸[③]。亚夫心不平，顾谓尚席取箸[④]，上视而笑曰："此非不足君所乎[⑤]？"亚夫免冠谢上，上曰："起。"亚夫因趋出[⑥]。上目送之曰："此鞅鞅[⑦]，非少主臣也。"居无何，亚夫子为父买工官尚方甲楯五百被[8]，可以葬者[9]。取庸苦之[10]，不与钱。庸知其盗买县官器[11]，怨而上变[12]，告子，事连污亚夫。书既闻，上下吏。吏簿责亚夫[13]。亚夫不对。上骂之曰："吾不用也！"召诣廷尉[14]。廷尉责问曰："君侯欲反何？"亚夫曰："臣所买器，乃葬器也，何谓反乎？"吏曰："君纵不欲反地上，即欲反地下耳！"吏侵之益急。初，吏捕亚夫，亚夫欲自杀，其夫人止之，以故不得死，遂入廷尉，因不食五日，呕血而死。

（《资治通鉴》卷十六）

【注释】

①帝：指汉景帝，名启，前156—前141年在位。　禁中：即宫中。

②大胾（zì）：大块的熟肉。

③箸：筷子。

④尚席：侍候皇帝吃饭的服务性官员，上属太官令。

⑤此非不足君所乎：这些难道还不能让你满意吗？非，莫非。君所，你的心里。

⑥趋：小步疾行。

⑦鞅鞅：恼怒不平的样子。

⑧工官尚方：主管为宫廷制造器具的部门。尚方，尚方署的简称。　五百被：五百套。

⑨葬：指殉葬。

⑩取庸：雇用长工、短工。

⑪县官：指皇帝、宫廷。

⑫上变：上书告发不轨、犯禁的行为。变，也称变事，告发谋反的书信。

⑬簿责：书面询问、问状。这是给高官留面子的一种做法。

⑭诣廷尉：到最高司法官处接受审讯。廷尉，主管司法的最高长官。

【译文】

汉景帝召周亚夫入宫赴宴，席上只有一大块肉，既没有切碎，又没有放筷子。周亚夫心里不高兴，他回头叫主管筵席的官员去拿筷子，汉景帝看着周亚夫冷笑说："这还不能让你满意吗？"周亚夫赶紧脱下帽子叩头请罪，汉景帝说："起来吧。"周亚夫只好躬身快步地退出门去。汉景帝盯着他的背影说："这个心怀不满的家伙，可不是一个能受少年皇帝支使的人！"没过多久，周亚夫的儿子为周亚夫向专为宫廷服务的制造厂买了五百套作殉葬用的铠甲和兵器。由于虐待雇工，不给人家工钱，雇工们知道这是偷着买了皇家使用的陪葬物品，一怒之下上书告发了周亚夫的儿子，事情牵连到了周亚夫。汉景帝看过检举信，把这个案子交给有关的法吏审理。法吏拿着文书到周亚夫家验问，周亚夫不理他。汉景帝听说后生气地骂道："我也用不着叫你书面回答了！"于是下令叫周亚夫到廷尉署去接受审判。廷尉责问周亚夫说："君侯你为什么想造反？"周亚夫说："我买的那些东西都是殉葬品，怎么能说是造反呢？"旁边的小吏们说："即使您不是想在人间造反，也是想到地下去造反！"从此他们就越来越厉害地迫害周亚夫。本来当狱吏去逮捕周亚夫时，周亚夫就想自杀，他的夫人劝阻，没死成，才到了廷尉署。周亚夫一连五天拒不进食，最后吐血而死。

点　评

《汉文帝劳军细柳营》选自《史记》的《绛侯世家》。《绛侯世家》是写刘邦的开国功臣周勃与其后代的一篇作品。周亚夫是周勃的小儿子，没有资格继承其父的封号与封地，但他凭自己的才干，当上了河内郡的太守，因而就引出了他带兵入驻长安郊区以防匈奴的故事。司马迁写这个故事，一方面表现了周亚夫的治军才能，及一位将军所应有的忠心与气度；同时也表彰了汉文帝的宽宏大量，为尊重将军的威严而屈己以成人的高尚行为。作者对周亚夫与汉文帝双方都表现了极大的热情与高度的赞颂。人物故事生动传神、惊心动魄。明代张邦奇曰："文帝承秦尊君卑臣之余而能伸将士气若此，真善将将哉！"袁黄引郭大有曰："文帝劳军细柳，而先驱至不得入，节制之兵宜若此矣；但天子既入其营，非临阵对敌可比，夫何尚以介胄自居，长揖不拜？使所遇而非帝，欲不及祸难哉！"古人认为司马迁的描写是实有其事，我看有点迂。我们应该体会它所传达出的基本精神，而难以从故事的细部进行考究。文帝前来劳军，即使事先没有通知，但他是在先去过霸上、棘门二营，而后转到这里来的，周亚夫不会不知道。当汉文帝来到细柳营前，如果说守门的军士"被甲，锐兵刃，彀弓弩"，都是可以的，还要"持满"，这是干什么？夸张得太过分，就失去了可信度。清代郭嵩焘说："此当为文帝微行至军，军吏得遏止之。史公但自奇其文，故于此等细微不及详耳。"这倒不失为一种符合情理的推测。

张骞奉使通西域

张骞，汉中人①，建元中为郎②。是时天子问匈奴降者③，皆言匈奴破月氏王④，以其头为饮器⑤，月氏遁逃而常怨仇匈奴，无与共击之。汉方欲事灭胡⑥，闻此言，因欲通使。道必更匈奴中⑦，乃募能使者⑧。骞以郎应募，使月氏，与堂邑氏胡奴甘父俱出陇西⑨。经匈奴，匈奴得之，传诣单于⑩。单于留之，曰："月氏在吾北，汉何以得往使？吾欲使越⑪，汉肯听我乎？"留骞十余岁，与妻，有子，然骞持汉节不失⑫。

居匈奴中，益宽⑬，骞因与其属亡乡月氏⑭，西走数十日至大宛⑮。大宛闻汉之饶财⑯，欲通不得，见骞，喜，问曰："若欲何之⑰？"骞曰："为汉使月氏，而为匈奴所闭道。今亡，唯王使人导送我⑱。诚得至，反汉，汉之赂遗王财物不可胜言。"大宛以为然，遣骞，为发导译，抵康居⑲，康居传致大月氏⑳。大月氏王已为胡所杀，立其太子为王。既臣大夏而居㉑，地肥饶，少寇，志安乐；又自以远汉，殊无报胡之心㉒。骞从月氏至大夏，竟不能得月氏要领㉓。

留岁余，还，并南山㉔，欲从羌中归㉕，复为匈奴所得。留岁余，单于死[26]，左谷蠡王攻其太子自立[27]，国内乱，骞与胡妻及堂邑父俱亡归汉[28]。汉拜骞为太中大夫[29]，堂邑父为奉使君[30]。

骞为人强力，宽大信人[31]，蛮夷爱之。堂邑父故胡人，善射，穷急射禽兽给食[32]。初，骞行时百余人，去十三岁，唯二人得还。

【注释】

①汉中：汉郡名，郡治西城，在今陕西安康西北。张骞的家在汉中郡的成固县。

②建元中：建元是武帝的第一个年号（前140—前135）。郎：皇帝的侍从人员，有议郎、中郎、郎中、侍郎等名目。

③匈奴：战国后期兴起的北方少数民族，秦汉时期活动在今内

蒙古与蒙古国境内。

④月氏（ròu zhī）：西域国名，最初在今甘肃的武威、张掖、敦煌一带；后被匈奴打败，西迁至今新疆的伊犁河流域；后又被匈奴、乌孙所驱逐，遂西迁至今阿富汗北部的喷赤河流域，在当时的大宛西南。

⑤饮器：饮酒、饮水之器，一说指“虎子”，即溺器。

⑥胡：指匈奴人。

⑦更：此处通“经”，经过，通过。武帝初匈奴强大，占据河西走廊，自长安至西域，路所必经。

⑧募：招募，招聘。

⑨堂邑氏胡奴甘父：堂邑县某家富人的一个匈奴族的奴隶，名叫甘父，后文即简称“堂邑父”。堂邑，汉县名，在今江苏六合西北。　陇西：汉郡名，郡治狄道，即今甘肃临洮。

⑩传诣单于：西部地区的匈奴人将张骞等用驿车押送到单于那里。传，驿车，这里用作动词。诣，至，到。

⑪越：指南越，汉初小国名，其地在今之广东、广西及越南北部一带，国都番禺，即今广州。

⑫汉节：汉王朝发与使者以为凭证的旌节。节以竹木为之，以牦牛尾为饰。

⑬益宽：指匈奴人对张骞等的看管渐渐宽松。

⑭亡乡月氏：向着大月氏的方向逃去。亡，逃。乡，通“向”。

⑮大宛（yuān）：西域国名，在今哈萨克斯坦境内，首都贵山城，今称卡塞散。

⑯饶财：广有钱财，意即国家富足。

⑰若：你。　何之：到哪里去。

⑱唯：表示请求的发语词。

⑲康居：西域国名，在今哈萨克斯坦的南部，在当时的大宛西北，大月氏之北，国都卑阗，或说即今塔什干。

⑳传致：转送，意即将张骞等转送到大月氏。

㉑既臣大夏：已经使大夏臣服于己。大夏，西域国名，在当时的月氏以南，今之阿富汗北部，国都蓝氏城，即今巴里黑。

㉒报胡：找匈奴人报杀父之仇。

㉓不能得月氏要领：摸不透月氏人是怎么想的。

㉔并南山：傍着南山东行。南山，指今新疆塔里木盆地南侧的昆仑山，再东行即阿尔金山，再东行就是甘肃南侧的祁连山。

㉕羌中：羌人居住的地区，主要指今新疆东南部的阿尔金山与其西面“南山”北麓居住的羌族部落。

㉖单于死：指军臣单于死，事在元朔三年（前126）。“元朔”是汉武帝的第三个年号。

㉗左谷蠡王：匈奴东部地区的头领，位在左贤王之下，此人是军臣单于之弟。名唤伊稚斜。　攻其太子自立：伊稚斜在前126—前114年为单于。

㉘胡妻：即前文所说张骞在匈奴被扣时所娶的匈奴妻子。　俱亡归汉：一起逃回了汉朝。

㉙太中大夫：皇帝身边的侍从官员，掌议论，秩比千石，上属郎中令。

㉚奉使君：封号名，有一定俸禄，但不掌实事。

㉛宽大信人：待人宽厚，能使人信服。

㉜给食：提供食物。

【译文】

张骞是汉中人，汉武帝建元年间为郎官。有一次汉武帝从投降过来的匈奴人口中得知，匈奴曾打败过一个月氏国，把月氏王的头骨做成了酒器。月氏人逃到了西方，对匈奴恨之入骨，只是找不到可以和他们联手打匈奴的人。这时汉王朝正准备对匈奴用兵，所以武帝一听就想立刻派人去找月氏人联络。但从汉朝去月氏必须经过匈奴境内，武帝就公开招募能出使月氏的人。于是张骞就以郎官的身份应募，和堂邑县富人家的一个名叫甘父的匈奴奴隶领头，带着部下由陇西出发了。中途经过匈奴时，被匈奴人捉住押送到了单于那里。单于把他们扣留下来，说："月氏国在我们的北方，汉朝人怎么能越过我们去那里呢？如果我们要跨过汉朝国境去南越，汉朝人能答应吗？"就这样把张骞一扣十多年。在这十来年里，他们让张骞娶了妻室，生了孩子，但是张骞却一直保持着汉朝的符节没有丢失。

时间一长，匈奴人对他们的看管逐渐放松，于是张骞就乘机带着部下逃离匈奴向着月氏的方向奔去。他们向西走了几十天到达了大宛。大宛王早就听说汉朝的物产丰富，想要通使而没有门路，如今来了张骞，喜出望外。他问张骞："你们是想到哪里去？"张骞说："我是受汉朝派遣前往月氏，中途被匈奴所阻。今天逃到这里，希望大王能派人送我去月氏。如果我能到达月氏，再回到汉朝，那么汉朝肯定会送给大王数不清的东西。"大宛人觉得有理，就给他配了向导和翻译，打发张骞上路了。他们先到了康居，康居人又转送他们到了大月氏。当时大月氏的人因为老国王被匈奴所杀，就立了他的儿子为王。后来他们又征服了大夏，便在那里住了下来，那里土地肥沃，物产丰饶，也没有什么人来侵扰，过得很愉快。又觉得离汉朝那么远，已经没有再去找匈奴报仇雪恨的想法。张骞又从月氏来到大夏，最后也没有弄明白月氏人的真实想法。

张骞在月氏住了一年多，准备回国，这次他是沿着南面的大山往东走，想通过羌人住的区域回长安，不料半道又被匈奴人捉住，拘留了一年多。后来老单于死了，左谷蠡王打跑了单于的太子，自己做了单于，匈奴发生内乱，张骞就趁机带着他的匈奴妻子和那个堂邑县的胡奴一同逃回汉朝。汉朝封张骞为太中大夫，封那个堂邑县的胡奴为奉使君。

张骞为人坚毅果敢，待人宽厚讲信用，那些蛮夷们都很喜欢他。而那个堂邑县的胡奴本来就是个匈奴人，会射箭，一路上没有东西吃的时候就射鸟兽充饥。当初张骞出使的时候带着一百多人，等过了十三年，只有他和胡奴甘父两个人活着回来了。

骞以校尉从大将军击匈奴[①]，知水草处，军得以不乏，乃封骞为博望侯，是岁元朔六年也[②]。其明年[③]，骞为卫尉[④]，与李将军俱出右北平击匈奴[⑤]。匈奴围李将军，军失亡多[⑥]；而骞后期当斩[⑦]，赎为庶人。是岁汉遣骠骑破匈奴西域数万人[⑧]，至祁连山[⑨]。其明年[⑩]，浑邪王率其民降汉[⑪]，而金城、河西西并南山至盐泽空无匈奴[⑫]。匈奴时有候者到[⑬]，而希矣[⑭]。其后二年[⑮]，汉击走单于于幕北[⑯]。

是后天子数问骞大夏之属。骞既失侯，因言曰："臣居匈奴中，闻乌孙王号昆莫[⑰]，昆莫之父，匈奴西边小国也。匈奴攻杀其父，而昆莫生，弃于野。乌嗛肉蜚其上[⑱]，狼往乳之[⑲]。单于怪以为神，而收长之。及壮，使将兵，数有功，单于复以其父之民予昆莫，令长守于西域[⑳]。昆莫收养其民，攻旁小邑，控弦数万，习攻战。单于死，昆莫乃率其众远徙，中立，不肯朝会匈奴[㉑]。匈奴遣奇兵击，不胜，以为神而远之，因羁属之[㉒]，不大攻。今单于新困于汉[㉓]，而故浑邪地空无人[㉔]。蛮夷俗贪汉财物，今诚以此时而厚币赂乌孙，招以益东，居故浑邪之地，与汉结昆弟[㉕]，其势宜听，听则是断匈奴右臂也[㉖]。既连乌孙，自其西大夏之属皆可招来而为外臣[27]。”天子以为然，拜骞为中郎将[28]，将三百人，马各二匹，牛羊以万数，赍金币帛直数千巨万[29]，多持节副使，道可使，使遣之他旁国[30]。

【注释】

①校尉：相当于现今之师团级军官。　大将军：指卫青，皇后卫子夫之兄。

②元朔六年：前123年。

③其明年：应作“后二年”，即元狩二年（前121）。

④卫尉：九卿之一，主管统兵护卫宫廷。

⑤李将军：即李广，当时以郎中令率军四千人，与张骞俱出右北平，分道北击匈奴。　右北平：汉郡名，郡治平刚，在今辽宁凌源西南。

⑥匈奴围李将军，军失亡多：这是《史记》描写李广最艰苦卓绝的一场战斗，李广以四千人抗击匈奴兵四万，打得从容不迫。

⑦后期：迟到，错过了军机。

⑧骠骑：指霍去病，卫青的外甥，时为骠骑将军。骠骑将军是国家的高级军事长官，仅次于大将军，实权在丞相之上。　西域：此处即指西部地带。

⑨祁连山：在今甘肃走廊西南侧与青海的交界线上。

⑩其明年：元狩三年（前120）。

⑪浑邪王：匈奴西部地区的部落头领，因前一年被霍去病打败，失亡多，单于欲诛之，故率部数万人降汉。

⑫金城：汉郡名，郡治允吾，在今甘肃永靖西北。　河西：指今宁夏一带的黄河以西地区。　西并南山：沿着南山一直西行。并，傍，沿着。南山，此指甘肃境内的祁连山。

⑬候者：侦察骑兵。

⑭希：通“稀”。

⑮其后二年：元狩四年（前119）。

⑯汉击走单于于幕北：元狩四年春，卫青大破匈奴于漠北，伊稚斜单于狼狈而逃；霍去病则大破匈奴之左方兵，“封狼居胥山，登临瀚海”而还，从此匈奴之患从根本上得以消除。幕北，大漠以北。“幕”通“漠”。

⑰乌孙王号昆莫：现任的乌孙国王，号曰昆莫。乌孙是西域国名，其地在今我国新疆之西北部、塔吉克斯坦的东南部与吉尔吉斯斯坦的东部地区，首都赤谷城。

⑱嗛：此处通“衔”。 蜚：通“飞”。

⑲乳：哺乳，喂奶。

⑳长守于西域：长期驻守于匈奴人之西侧境外。

㉑不肯朝会匈奴：意即不愿作匈奴的附庸。

㉒羁属：大面上的臣属。

㉓今单于：指伊稚斜（前126—前113年在位）。 新困于汉：指元狩四年匈奴人被卫青、霍去病等所重创，被迫率部远遁。

㉔故浑邪地：浑邪王降汉前所居的匈奴西部地区。

㉕昆弟：兄弟。

㉖断匈奴右臂：斩断匈奴的右侧之援。

㉗招来：招纳。来，通“徕”，意思同“招”。 外臣：境外之臣。意即为汉王朝的附属国。

㉘中郎将：皇帝的侍卫长官，统率诸中郎，上属郎中令。

㉙数千巨万：即“数千亿”。巨万，也称“大万”，即“亿”，指铜钱。

㉚道可使，使遣之他旁国：半道上发现有新的可派往的地方，便当机立断地派这些有身份的副使前去。

【译文】

后来张骞以校尉的身份跟随大将军卫青讨伐匈奴，因为他熟悉哪里有水草，所以军队的给养没发生困难，回来被封为博望侯。这一年是汉武帝元朔六年。第二年，张骞又以卫尉的身份，和李广一道出右北平讨伐匈奴。结果李广的军队被匈奴包围了，损失惨重；张骞则因为没能按期驰援该杀头，自己花钱赎罪，丢了官，成了平民。也就在这一年，汉朝派骠骑将军霍去病打败了西部地区的匈奴人，一直追击到了祁连山。第二年，浑邪王带着他的部落投降了汉朝，从此金城、河西往西沿着南山一直到盐泽都再没有匈奴的常驻军队；只有匈奴的探马偶尔出现，但也很少。又过了两年，汉朝军队追击匈奴单于，一直把他们赶到了大漠以北。

后来汉武帝又多次向张骞询问大夏诸国的情况。这时张骞正丢了侯爵，于是趁便说道："我在匈奴的时候，听说乌孙的国王名叫昆莫，而昆莫的父亲，是匈奴西边的这个小国的君主，匈奴人进攻乌孙把昆莫的父亲杀了。昆莫一出生就被扔在荒郊野地，这时有许多乌鸦衔着肉在他的上空盘旋，有母狼去给他喂奶。匈奴单于感到神奇，就收养了他。等到昆莫长大，单于派他领兵打仗，昆莫多次立功，于是单于就把昆莫父亲的那些老部下还给了昆莫，让他带着长期守卫匈奴的西部边陲。昆莫把乌孙的民众召集起来后，领着他们攻击附近的小部落，渐渐地有了士兵几万人，昆莫进一步训练他们的作战本领。等到匈奴单于一死，昆莫就率领他的部落远远地向西方迁移，并在各国之间保持中立，不再向匈奴朝拜。在此期间匈奴也曾派小部队袭击过他们，但未能取胜，于是匈奴也就觉得他们神奇而不再逼近他们了，只是名义还属匈奴管。如今匈奴刚被汉朝打败，而过去浑邪王的属地又空无人烟。蛮夷们贪图汉朝的财物，如果能趁着这个时机用厚礼去拉拢乌孙，让他们向东迁徙，住到浑邪王过去居住的地方，让他们与汉朝结为兄弟之好，从现在的形势看，他们会听从我们的，如果真能结成联盟，那就等于斩断了匈奴的右臂。而且一旦我们联合了乌孙，那乌孙以西的大夏等国就都可以招引来做我们的外臣。”汉武帝觉得有道理，就任张骞为中郎将，让他率领三百人，每人两匹马，牛羊几万只，还有价值几千亿的金银布帛，还派了好多手持旌节的副使，预备着中途随时派他们去别的国家。

骞既至乌孙，乌孙王昆莫见汉使如单于礼①，骞大惭，知蛮夷贪，乃曰："天子致赐，王不拜则还赐②。"昆莫起拜赐，其他如故③。骞谕使指曰④："乌孙能东居浑邪地，则汉遣公主为昆莫夫人⑤。"乌孙国分⑥，王老，而远汉，未知其大小；素服属匈奴日久矣，且又近之，其大臣皆畏胡，不欲移徙，王不能专制。骞不得其要领。昆莫有十余子，其中子曰大禄，强，善将众，将众别居万余骑⑦。大禄兄为太子，太子有子曰岑娶，而太子蚤死。临死谓其父昆莫曰："必以岑娶为太子⑧，无令他人代之。"昆莫哀而许之，卒以岑娶为太子。大禄怒其不得代太子也，乃收其诸昆弟⑨，将其众畔⑩，谋攻岑娶及昆莫。昆莫老，常恐大禄杀岑娶，予岑娶万余骑别居，而昆莫有万余骑自备，国众分为三，而其大总取羁属昆莫⑪，昆莫亦以此不敢专约于骞⑫。

骞因分遣副使使大宛、康居、大月氏、大夏、安息、身毒、于阗、扜罙及诸旁国⑬。乌孙发导译送骞还，骞与乌孙遣使数十人，马数十匹报谢，因令窥汉，知其广大。

骞还到，拜为大行⑭，列于九卿⑮。岁余，卒。

乌孙使既见汉人众富厚，归报其国，其国乃益重汉。其后岁余，骞所遣使通大夏之属者皆颇与其人俱来，于是西北国始通于汉矣。然张骞凿空[16]，其后使往者皆称博望侯，以为质于外国[17]，外国由此信之。

（《大宛列传》）

【注释】

①见汉使如单于礼：接见汉朝使者与匈奴单于接见汉朝使者的礼数相同。据《匈奴列传》说，“汉使非去节而以墨黥面者不得入穹庐”。

②王不拜则还赐：如果你不起来拜谢，我就将这些东西带回去。

③其他如故：其他表现还都像原来一样的傲慢。

④骞谕使指：张骞向昆莫讲明此次出使的目的。指，通“旨”。

⑤公主：通行本皆作“翁主”，误，这里应作“公主”，事实上后来汉王朝所派出的刘细君也正是以“公主”的身份前来的。
⑥乌孙国分：乌孙国现正处于分裂状态，详情见下文。
⑦将众别居：带着一伙部众另驻别处。
⑧必以岑娶为太子：意即让岑娶为“接班人”“继承人”。
⑨收其诸昆弟：将其他兄弟都拘捕起来。收，拘捕。
⑩将其众畔：率其部众谋反自立。畔，通“叛”。
⑪大总取羁属昆莫：大面上还是归昆莫松散地统管着。
⑫不敢专约于骞：不敢一个人做主与张骞结约。
⑬安息、身毒、于阗（tián）、扜罙（wūmí）：皆西域国名，安息即今之伊朗，身毒即今之印度，于阗在今新疆境内的和田南，扜罙即今之新疆玉田。
⑭大行：即大行令，也称“典客”，朝官名，主管少数民族事务，秩中二千石。
⑮列于九卿：位在“九卿”之内。
⑯凿空：犹言今之“开拓”“开辟”。
⑰以为质于外国：以取信于外国人。质，信，凭证。

【译文】

张骞到达乌孙后，乌孙王昆莫接见汉朝使者同匈奴单于接见汉朝的使者一样，张骞觉得受了侮辱。他知道蛮夷喜欢汉朝的财物，就说：“天子本来有礼物给你，可你要是不叩头拜谢，我就把东西带回去。”于是昆莫王起身叩头接受了礼物，但其他的礼节还依照原样。张骞就向昆莫表达这次出使的意图：“乌孙如果能够东迁到浑邪王的旧地居住，那么汉朝将派皇帝的公主做昆莫王的夫人。”但这时由于乌孙国分裂，国王又老，再加上他们离着汉朝远，也不知道汉朝究竟有多大；由于长期以来服属于匈奴，离匈奴近，所以大臣们都害怕匈奴，不想东迁，昆莫王不能独自做主与张骞签约。所以张骞得不到明确的答复。这时昆莫王有十几个儿子，他的二儿子叫大禄，为人强悍，能领兵，他带着一万多骑兵驻扎在另一个地方。大禄的哥哥是太子，太子的儿子叫岑娶。太子死得早，临死前请求父亲："我死后请一定让岑娶做接班人，不能让别人代替。"昆莫因为可怜儿子就答应了他的请求，把岑娶立为太子。大禄没能当上太子，很生气，就把兄弟们关押起来，领着他们的部下造反，准备进攻岑娶和昆莫。昆莫已经年老，怕大禄杀害岑娶，就拨给岑娶一万多骑兵让他住在另一个地方，而昆莫自己身边也带着一万多人做警卫。这样乌孙国就一分为三了。尽管各部在大面上都归昆莫统辖，昆莫也正因为这种形势不敢自作主张。

这时张骞派他的副使们分别出使大宛、康居、大月氏、大夏、安息、身毒、于阗、扜罙以及附近的其他国家，而后乌孙就派向导和翻译送张骞回朝了。张骞带着乌孙所派的使者几十个人、好马几十匹一起回到长安向朝廷报谢，乌孙派这些使者的目的是让他们察看汉朝的虚实，看看汉帝国到底有多大。

张骞回到朝廷后，被封为大行，是"九卿"之一。又过了一年多，张骞去世了。

乌孙使者亲眼看到了汉朝人口众多、物产丰富，回去报告了国王，从此乌孙开始重视汉朝。在这以后的一年多，张骞派到大夏等国去的那些副使们也都带着所出使国家的使臣相继回朝，从此西北方的各个国家开始与汉朝互通往来了。因为这条路是张骞首先打开的，所以往后凡是到那些国家去的使者都自称是博望侯，用这个名声来取得外国的信任，而外国人也的确因此而相信这些汉朝的使者。

扩展阅读

班超字仲升，扶风平陵人①，徐令彪之少子也②。为人有大志，不修细节。然内孝谨，居家常执勤苦，不耻劳辱。有口辩，而涉猎书传。永平五年[3]，兄固被召诣校书郎[4]，超与母随至洛阳[5]。家贫，常为官佣书以供养[6]。久劳苦，尝辍业投笔叹曰：“大丈夫无它志略，犹当效傅介子、张骞立功异域[7]，以取封侯，安能久事笔研间乎[8]？”左右皆笑之。超曰：“小子安知壮士志哉？”其后行诣相者[9]，曰：“祭酒[10]，布衣诸生耳，而当封侯万里之外[11]。”超问其状。相者指曰：“生燕颔虎颈[12]，飞而食肉，此万里侯相也。”久之，显宗问固[13]：“卿弟安在？”固对：“为官写书，受直以养老母[14]。”帝乃除超为兰台令史[15]，后坐事免官。

【注释】

①扶风平陵：扶风郡的平陵县，在今陕西西安西北。

②徐令彪：徐县的县令班彪。班固与班超之父。

③永平五年：62年。永平是东汉明帝的年号。明帝名庄，光武帝刘秀之子。

④兄固：班固，东汉前期的大历史家与大文学家。　校书郎：在国史馆校对古书的小官。

⑤洛阳：即今河南洛阳，东汉的都城。

⑥佣书：抄书。　供养：指供养母亲。

⑦傅介子：西汉昭帝时人，曾出使西域，刺杀与东汉为敌的楼兰王。

⑧笔研：同“笔砚”。

⑨诣相者：请术士给他相面。相者，给人看相的术士。

⑩祭酒：汉代主管太学的官员，这里是对班超的敬称，因为术士看他像个文化人。

⑪封侯万里：在万里之外立功封侯。

⑫生：先生，尊称文化人。　燕颔虎颈：下颏像燕子，脖子像虎。

⑬显宗：汉明帝的庙号。

⑭直：同“值”，酬金。

⑮除：任，任命。　兰台令史：皇宫图书馆的工作人员。

【译文】

班超字仲升，是扶风郡平陵县人，是徐县县令班彪的小儿子。为人有大志，不拘小节。但孝顺虔谨，在家里什么活儿都干，不怕苦累。有口才，读了不少书。明帝永平五年，哥哥班固被朝廷召为校书郎，故而班超和母亲也都跟着一同到了洛阳城。由于家境贫困，班超曾给官府抄抄写写，干得很累。有一回他停下手来，投笔于案，长叹一声说："大丈夫即使没有别的本事，也应该像傅介子、张骞那样出使外国，立功封侯，怎能整天在这里抄抄写写呢？"大家听了都笑他。班超说："庸人怎么会理解大丈夫的心思！"后来班超去让人看相，相面的人说："别看先生您今天穿着一身布衣，日后您必将立功封侯于万里之外。"班超问："我是怎样一种面相？"相面的人说："您的下颏像燕子，脖子像老虎，这就是一种能飞腾、能吃肉的封侯万里的面相。"过了一段时间，汉明帝问班固："你的弟弟在哪里？"班固说："在一处官府里抄书，挣钱奉养老母。"于是明帝便任命班超当兰台令史，但后来因事获罪被免职。

十六年[①]，奉车都尉窦固出击匈奴[②]，以超为假司马[③]，将兵别击伊吾[④]，战于蒲类海[⑤]，多斩首虏而还。固以为能，遣与从事郭恂俱使西域[⑥]。

超到鄯善[⑦]，鄯善王广奉超礼敬甚备，后忽更疏懈。超谓其官属曰："宁觉广礼意薄乎[⑧]？此必有北虏使来[⑨]，狐疑未知所从故也。明者睹未萌[⑩]，况已著邪[⑪]？"乃召侍胡诈之曰[⑫]："匈奴使来数日，今安在乎？"侍胡惶恐，具服其状[⑬]。超乃闭侍胡[⑭]，悉会其吏士三十六人，与共饮，酒酣，因激怒之曰："卿曹与我俱在绝域[⑮]，欲立大功，以求富贵。今虏使到裁数日，而王广礼敬即废；如令鄯善收吾属送匈奴[⑯]，骸骨长为豺狼食矣。为之奈何？"官属皆曰："今在危亡之地，死生从司马。"超曰："不入虎穴，不得虎子。当今之计，独有因夜以火攻虏，使彼不知我多少，必大震怖，可殄尽也[17]。灭此虏，则鄯善破胆，功成事立也。”众曰：“当与从事议之。”超怒曰：“吉凶决于今日。从事文俗吏[18]，闻此必恐而谋泄，死无所名，非壮士也！”众曰：“善。”初夜，遂将吏士往奔虏营[19]。会天大风，超令十人持鼓藏虏舍后，约曰：“见火然，皆当鸣鼓大呼。”余人悉持兵弩夹门而伏。超乃顺风纵火，前后鼓噪。虏众惊乱，超手格杀三人，吏兵斩其使及从士三十余级，余众百许人悉烧死。明日乃还告郭恂，恂大惊，既而色动[20]。超知其意，举手曰[21]：“掾虽不行[22]，班超何心独擅之乎[23]？”恂乃悦。超于是召鄯善王广，以虏使首示之，一国震怖。超晓告抚慰，遂纳子为质[24]。还奏于窦固，固大喜，具上超功效[25]，并求更选使使西域。帝壮超节[26]，诏固曰：“吏如班超[27]，何故不遣而更选乎？今以超为军司马[28]，令遂前功[29]。”超复受使，固欲益其兵[30]，超曰：“将本所从三十余人足矣。如有不虞[31]，多益为累[32]。”

（《后汉书·班梁列传》）

【注释】

①十六年：即永平十六年，73年。

②奉车都尉：朝官名，为皇帝掌管车马。　窦固：东汉明帝时的权臣，掌管朝政。

③假司马：代理司马。假，试用。

④伊吾：匈奴地名，即今新疆伊吾，在哈密东北。

⑤蒲类海：湖泊名，即今新疆境内的巴里坤湖，在哈密西北的巴里坤西侧。

⑥从事郭恂：任从事史的郭恂。从事是从事史的简称，州刺史的属官。　西域：指新疆境内及新疆以西的诸国之地。

⑦鄯（shàn）善：西域国名，国都即今新疆若羌。

⑧宁：是不是，难道没有。

⑨北虏：指匈奴人。

⑩睹未萌：看见还未发生的情况。

⑪已著：已经很明显。
⑫侍胡：关照他们生活的鄯善人。
⑬具服其状：详细讲了匈奴使者到来的情形。
⑭闭：关押起来，不使外出。
⑮卿曹：犹言“你们”“尔等”。 绝域：只有拼命才有可能生还的险地。
⑯收吾属：把我们逮捕起来。
⑰殄尽：消灭光。
⑱文俗吏：只知咬文嚼字，而不能当机立断、成就大事的人。
⑲虏营：匈奴使者的营帐。
⑳色动：兴奋，欣喜。
㉑举手：情绪激动的突然表现。
㉒掾虽不行：你虽然没有参加。掾，僚属的通称。郭恂任从事，是刺史的僚属，称“掾”犹如称“从事”。称人用官号，表示尊敬。
㉓独擅：独占其功。
㉔纳子为质：让自己的儿子到鄯善国做人质，以保证说话算话。
㉕上超功效：把班超的功劳禀告皇帝。
㉖超节：班超的忠心与气节。
㉗吏如班超：眼前放着班超这样的人员。
㉘军司马：军中的司法官。此前班超只是个“假司马”。
㉙遂前功：继续完成已经开了头的通西域之功。
㉚益其兵：给他增派一些兵力。
㉛如有不虞：如果真的遇到了问题。不虞，意想不到。
㉜多益为累：人多了更是麻烦。

【译文】

永平十六年，奉车都尉窦固北伐匈奴，命令班超以代理司马的身份，率军往攻伊吾，与匈奴人战于蒲类海，斩敌之首与俘虏敌人的数目都不少。窦固认为班超有才，就派班超跟着从事史郭恂一同出使西域。

班超到达鄯善后，鄯善王开始对班超一行很热情、很有礼貌，后来却越来越冷淡无礼。班超对随从说：“你们感到了鄯善王对咱们的态度起了变化吗？这一定是因为有匈奴的使团来了，他心存动摇，这才对我们如此。聪明人能预见未来，更何况这已经是明摆着的事实了。”班超把照顾他们生活的那个鄯善人找来，用话诈他说：“匈奴使团来了好几天了，他们住在哪里？”鄯善人很心虚，便把实情对班超等讲了一遍。班超把这个鄯善人关起来，立即召集他们的三十六个随员一起喝酒，酒过三巡，班超说：“你们跟我来到这里，都想立功，以求富贵。可是匈奴的使团才到几天，鄯善王对我们就变了态度；如果鄯善王把我们抓起来送给匈奴人，那我们就只有喂狼的下场了。我们应该怎么办？”大家一齐回答：“处在如此危险之地，我们一切都听司马您的。”班超说：“不入虎穴，难得虎子。我们今天只有在夜间突然用火进攻匈奴人，他们一时不辨我们有多少人，必然惊慌失措，我们可以把他们一举消灭。消灭了这些敌人，鄯善一定会吓破胆，那就可以完成使命，成功立业了。”大家说：“应当跟从事商量商量。”班超生气地说：“成败就在今天。郭从事优柔寡断，让他知道难免泄密坏事，如果因此失败，那可不是好汉所为。”大家说：“对。”天黑后，班超领着这三十多个人奔向匈奴使团的营帐。趁着大风，班超让十个人带着鼓藏在匈奴营帐的后面，说好：“你们一见前面火起，就击鼓大呼。”其余的人都拿着刀枪弓箭，埋伏在前门的两侧。接着班超从上风放起大火，前后鼓噪夹击，匈奴人慌乱无措，班超亲手杀了三个 ，其他吏士杀了三十多个，另外还有上百人都被大火烧死了。第二天，班超将此事告诉郭恂，郭恂始而大惊，随后又露出了一些欣喜之色。班超明白他的心理，把手一挥说：“你虽然没有参加，我又怎么能独占呢？肯定有你一份功劳。”郭恂也高兴起来。班超叫来鄯善王，把匈奴使者的人头给他看，鄯善国举国震惊。班超安抚了鄯善王，说好要派自己的儿子来鄯善做人质。班超回长安向窦固报告了详情，窦固大喜，把班超的功劳上报了汉明帝，并请求派使者继续通使西域诸国。汉明帝很赏识班超的气节，给窦固下诏说：“眼前有班超这样的使者，为什么不派他，还要到别处另找呢？现在就任班超为军中司马，让他去完成已经有了良好开端的通西域事业。”于是班超重新接受任命，做了通西域的使者。窦固想要给他增派一些兵力，班超说：“我率领原来的三十多个人就足够了。如果出现了意外情况，人多了反而增加麻烦。”

点 评

《张骞奉使通西域》选自《史记》的《大宛列传》。《大宛列传》的前半部分记述了张骞两次出使西域的经过，后半部分记述了李广利征伐大宛的过程。由于先有张骞的探险，接着又有李广利的武力讨伐，两次行动的积极结果，则是第一次打通了联系欧亚的东西方交通，也就是名垂青史的“丝绸之路”。所选文段表现了我国最早的大探险家张骞令人敬佩的勇敢坚毅、忠于国家、忠于探险事业的精神。梁启超充满感情地评论张骞的卓越贡献：“博望通西域之役，其功在汉种者有三：一曰杀匈奴猾夏之势，自文、景以来，匈奴役属西域、结党南羌，地广势强，蒸蒸南下，候骑每至甘泉，屯防及于细柳。非有以挫之，则小之为刘渊、石勒之横行河朔，大之为金源、蒙古之蹂躏神州，左衽之痛岂俟数百年千年之后哉？其时汉欲制匈奴，则伐谋伐交之策，远交近攻之形，不可不注意西域。张博望首倡通月氏、结乌孙之议，卒以断匈奴右臂，隔绝南羌，斩其羽翼，及孝武末世，遂至匈奴远遁，幕南无王庭。元成以后，卒俯首贴耳，称藩属于我大国。而发之成之者，实自张博望。二曰开亚欧交通之机。秦汉之间，东西民族皆已成熟涨进，务伸权力于域外。罗马帝国将兴，而亚力安族文明将驰骤于地中海之东西岸，顾不能逾葱岭，以求通于我国。而沟而通之者，实始博望。三曰完中国一统之业。当时滇黔诸国，皆未内属，汉武初虽尝从事西南夷，然以费多罢之。其后感博望蜀布邛杖之言，卒再兴作，使王然于、柏始昌、吕越人等十余辈往求身毒国，遂开滇道、达交趾，卒使数千年为国屏藩。虽其事不专成于博望，而创始之功实博望尸之，博望之有造于汉种者何如也？”（《饮冰室文集·张博望班定远合传》）

就张骞的实际品质与其历史贡献而言，应该远远地高出当时另一位以“民族气节”著称的苏武之上。但司马迁反对劳民伤财，讨厌汉武帝的武力扩张，对凡是推动了当时的武力扩张或是在武力扩张中做出了贡献的人，司马迁都持批评态度。故而张骞就像王恢、唐蒙、司马相如、卫青、霍去病一样，被列入“生事”与“阿意兴功”的一群人里去了。好在司马迁忠于客观史实，尽管从感情上讨厌这些人，但他毕竟还是如实地写出了这些人在不同方面所做出的重要贡献。尤其对张骞那种矢志不移、不达目的誓不罢休的奋斗精神，作了淋漓尽致的描绘。西汉时期对经营西域做出贡献的还有傅介子、陈汤、甘延寿，到东汉时更出了班超。班超凭着他的智慧和勇敢，带着三十六个人，居然平定了西域背叛汉王朝的一系列国家，难怪梁启超称道他们是我国前所未有的开拓英雄。